Éditions Druide
1435, rue Saint-Alexandre, bureau 1040
Montréal (Québec) H3A 2G4

www.editionsdruide.com

OPTIQUES

Collection dirigée par
Anne-Marie Villeneuve

ÉCRIRE L'HUMOUR, C'EST PAS DES FARCES !

Catalogage avant publication de Bibliothèque et Archives nationales du Québec et Bibliothèque et Archives Canada

Ouellette, Sylvie, 1964-
Écrire l'humour, c'est pas des farces!

ISBN 978-2-89711-362-9
1. Humour – Art d'écrire. I. Vien, Christiane. II. Titre.
PN6149.A88O93 2017 808.7 C2017-941296-5

Direction littéraire: Anne-Marie Villeneuve
Édition: Luc Roberge et Anne-Marie Villeneuve
Assistance à l'édition: Elisanne Crevier
Révision linguistique: Isabelle Chartrand-Delorme et Valérie Quintal
Assistance à la révision linguistique: Antidote 9
Mise en pages et versions numériques: Studio C1C4
Conception graphique de la couverture: Dorian Danielsen
Photographies des auteures: Maxyme G. Delisle
Images: Shutterstock – Eric Isselee (p. 52), carol.anne (p. 52);
123RF – Igor Zakowski (p. 51); William Garo (p. 208);
Rémy Savard (p.212) ; Marili Levac (p.216).
Diffusion: Druide informatique
Relations de presse: Nathalie Vital

Les Éditions Druide remercient le Conseil des arts du Canada et la SODEC de leur soutien.

Gouvernement du Québec – Programme de crédit d'impôt pour l'édition de livres – Gestion SODEC.

Canada

ISBN PAPIER: 978-2-89711-362-9
ISBN EPUB: 978-2-89711-363-6
ISBN PDF: 978-2-89711-364-3

Éditions Druide inc.
1435, rue Saint-Alexandre, bureau 1040
Montréal (Québec) H3A 2G4
Téléphone: 514-484-4998

Dépôt légal: 4e trimestre 2017
Bibliothèque et Archives nationales du Québec
Bibliothèque et Archives Canada

www.editionsdruide.com

Imprimé au Canada

Sylvie Ouellette
Christiane Vien

ÉCRIRE L'HUMOUR, C'EST PAS DES FARCES !

Essai

Druide

TABLE DES MATIÈRES

Préface **13**
À qui s'adresse ce livre? **15**
Qui? **17**
N'importe qui peut être drôle, mais c'est pas tout le monde qui peut être humoriste
C'est pas parce que votre matante favorite vous trouve drôle que tout le monde va vous trouver drôle.
Être ouvert et être un bon observateur du monde qui vous entoure
L'importance d'être bien informé
Travailler, retravailler, et retravailler encore
L'acte d'écrire
Quoi? **29**
C'est quoi, l'humour?
Le sens de l'humour
Qu'est-ce qui fait que c'est drôle?
L'humour comme miroir d'une société
L'humour comme soupape antistress
Les particularités de l'écriture humoristique
De kessé? **39**
Quand? **49**
Ça date pas d'hier
L'évolution de l'humour

La tradition de l'humour au Québec
Dans le monde – similitudes et différences
Comment ? 57
Les éléments incontournables
D'ousse que ça sort ? 71
Méthode 1 – On commence-tu, qu'on en finisse ?
Méthode 2 – Tout part d'une tomate
Méthode 3 – La réorganisation selon le principe SCAMPER
On s'essaye-tu ? 83
Exercice 1 – Changer des paroles de chanson
Exercice 2 – Changer des acronymes
Exercice 3 – Trouver trois nouvelles utilisations pour des objets sans rapport
Exercice 4 – Le proverbe modifié
Exercice 5 – Remplir le tableau d'idées
Exercice 6 – L'écriture automatique
Méthode de travail
Exercice 7 – Partances à compléter
Où ? 97
La scène
La télé et la radio
Le Web
Les imprimés
At large – les commerciaux et autres productions de même type
Le cinéma
Pourquoi ? 113
Considérations sociobiologiques (ou « le boutte pompeux »)
Pédagogie et philosophie
Occupation principale ou pour le fun
Pour le « comment ça marche »
Pour séduire la gent féminine
Le vedettariat

Le *cash* !
Les travailleurs de l'ombre
Simplement pour essayer
Qui es-tu ? **123**
C'est toi-même en personne ou un rôle que tu joues ?
C'est qui ça, c't'e gars-là... ?
Trouver sa voie, son univers
Votre *persona*
Exercice 478 (parce qu'on a un peu perdu le compte...) – La *check list* de votre *persona*
Trouver son style
L'importance du jeu
La fidélité, c'est pas juste dans le couple
Jouer avec ses forces et ses faiblesses
Créer plusieurs personnages pour un sketch ou une série
Ben oui, encore un exercice
Pour qui ? **135**
« Le monde, ils veulent rire »
La connexion avec son public
Le quatrième mur (même si on n'a pas parlé des trois autres)
À la base, tout le monde court après le même marché
Géographie 101 et fossé générationnel
Réceptivité des spectateurs
Le danger de se cantonner dans un personnage
Par où... on commence ? **147**
Les formations et autres écoles
L'autodidactisme
Pis après ? **155**
Ça fait que...
La glace est brisée
« Pas de changement, pas d'agrément ! »
Humour 2.0

Le merveilleux monde de l'humour
Un agent ? Un gérant ? Un producteur ?
Quelques *success stories*
Jusqu'où... peut-on aller ? 171
Dire tout haut ce que tout le monde pense tout bas ?
Pas de vaches sacrées en humour ?
Vachement drôle vs drôlement vache
Liberté d'expression et droits de la personne
On peut rire de tout, mais pas avec n'importe qui
Le premier et le second degré, les risques du hors contexte
Autocensure (ou comment se garder une tite gêne)
« Ben non, c't'une joke... »
La cohérence entre le propos et le *persona*
Combien ? 183
Gagner richement sa vie vs « à peine de quoi se payer un ti sac de chips »
La rémunération
Les agents/gérants
Et les autres
Conclusion 193
En extra : petit guide pour écrire un numéro 197
Les p'tites entrevues 207
Liste des ressources en humour 221

PRÉFACE

Une journée sans rire est une journée perdue

Charlie Chaplin

C'est ma citation préférée. Même dans les moments difficiles, j'ai provoqué mon rire de toutes sortes de façons et c'est ce qui fait que je suis encore avec vous aujourd'hui. L'humour m'a sauvé la vie.

J'espère que ce livre fera ressortir en vous la personne qui ne prend pas la vie trop au sérieux.

Peut-être voulez-vous devenir humoriste de métier, ou vous cherchez simplement un outil pour mieux parler en public ?

Écrire l'humour, c'est pas facile. J'ai souvent vécu la peur de la page blanche et, en relisant mes textes, je me disais qu'il n'y avait rien de drôle dans ce que j'avais pondu… Je perdais confiance en moi, mais en lisant mes textes à mes enfants et à mes amis, aussitôt que j'entendais leur premier rire, j'étais rassurée.

Vous trouverez dans ces pages des recettes pour développer et définir votre style d'humour. J'aurais aimé avoir cet outil précieux quand j'ai commencé dans le métier. Montrez-nous vos couleurs, votre vécu, votre personnage caché, si c'est le cas.

Comme le disent les deux auteures :

« C'est en faisant ce que l'on veut faire que l'on devient ce que l'on veut être ! »

Lise Dion

À QUI S'ADRESSE CE LIVRE ?

Si tout le monde vous dit que vous êtes drôle, même votre belle-mère qui peut pas vous blairer...

Si, au fin fond de votre cœur, vous *savez* que vous êtes drôle, même si pour le moment personne d'autre ne s'en rend compte...

Si vous ne voulez pas mourir avec le regret de ne pas avoir au moins essayé de créer de l'humour, même si vous n'en faites pas une carrière phénoménale...

Ce livre est pour vous. Pourquoi ?

1. Pour augmenter votre confiance en vous (et, pourquoi pas, votre *sex-appeal* !).
2. Pour la satisfaction de prouver aux autres que, oui, vous êtes capable.
3. Pour vous aider à développer une facette de votre créativité, et voir François Bellefeuille vous demander des conseils.
4. Pour avoir – gros minimum – un numéro à présenter dans une soirée d'humour ou de scène ouverte (*open mic*).
5. Pour rencontrer d'autres gens drôles – mais jamais aussi drôles que vous, bien sûr.

Faire de l'humour peut mener à tout. Tous les humoristes, sans exception, ont dû commencer quelque part. Au fil du temps, plusieurs en sont venus à écrire et à jouer dans leurs propres séries télé ou films, ou encore à être porte-parole pour une variété de causes. On n'a qu'à penser à Martin Petit, Martin Matte et Maxim Martin (remarque : non, c'est pas nécessaire de s'appeler Martin pour devenir humoriste).

Offre d'emploi

Titre du poste : Humoriste
Description de tâche(s) : Faire rire les gens
Rémunération : Variable (entre 0 $ et 1 000 000 $)
Autre(s) bénéfice(s) : Beaucoup de satisfaction

Qu'ils soient assis dans leur salon devant la télé, ou assis au festival Juste pour rire ou au ZooFest, ou encore assis dans un petit club qui présente des numéros d'humour, les gens veulent rire. Et ce sera votre job de les faire rire.

Pour autant qu'ils soient assis. Parce que « stand-up », ça ne s'applique qu'à l'humoriste. Oui, vous devrez d'abord vous lever, prendre les commandes de ce nouveau métier, faire un premier pas et vous lancer droit devant.

Et nous allons vous indiquer par où commencer. Sans qu'on puisse vous faire de promesses, avec ce livre, vous aurez suffisamment d'outils pour construire une base solide. Ensuite, tout dépend de vous… (insérer ici l'affiche de votre premier one man show)

Qui ?

N'importe qui peut être drôle, mais c'est pas tout le monde qui peut être humoriste

Sans blague : *n'importe qui* peut être drôle ! En fait, la plupart d'entre nous sont persuadés d'être la personne la plus tordante au monde. Même à jeun. Toutes sortes de pensées cocasses nous traversent l'esprit à divers moments, sans crier gare. C'est pas une affaire de diplôme universitaire, mais plutôt un trait de caractère souvent familial, ou qui naît parfois comme un réflexe de défense pendant l'enfance. Qui ne connaît pas un gros, un handicapé ou un roux très drôle ? Par la suite, ce trait imprègne notre personnalité et transpire de différentes façons, avec plus au moins d'intensité. Notre « comique intérieur » est bien réel, qui que l'on soit.

Quand on parle d'écrire l'humour, par contre, il s'agit d'une autre paire de manches. C'est bien d'avoir le talent pour pousser des blagues à l'occasion, mais si vous voulez développer votre humour et l'amener plus loin, voire en faire un gagne-pain, vous aurez besoin d'outils. C'est la partie qui s'apprend. Comme dans beaucoup d'autres domaines, ça prend 10 % de talent et 90 % d'effort.

Tout le monde peut faire des blagues, mais le véritable humoriste trace son propre chemin et développe petit à petit son point de vue unique. Et, oui, ce 10 % de talent est un minimum absolu. Si votre « moi humoristique » est tellement bien caché que vous-même avez de la difficulté à le trouver, la tâche risque d'être vraiment ardue, à la limite impossible.

> ***« L'humoriste, c'est un homme de bonne mauvaise humeur. »***
> – JULES RENARD

Pour faire carrière en humour, il faut tout d'abord se conditionner pour saisir ses pensées drôles – souvent au vol –, afin d'en faire quelque chose susceptible de plaire à tous. Car la majorité des gens vont les laisser repartir comme elles sont venues, et les pensées, accompagnées de tout leur potentiel humoristique, vont s'évaporer aussi vite qu'un commis de quincaillerie quand on a besoin d'un conseil.

D'autres vont les énoncer à haute voix, par réflexe, surtout s'ils sont en compagnie d'une personne réceptive (lire : un bon Jack qui va la trouver drôle). Règle générale, et en vertu de la capacité de perception et de la mémoire élastiques de cet auditeur impromptu, là non plus les pensées feront pas long feu.

Tout se jouera, et tout changera, lorsque vous en prendrez conscience, que vous réaliserez que ces pensées sont des bases précieuses sur lesquelles vous pouvez bâtir, élaborer, broder, jusqu'à ce qu'elles deviennent un gag à part entière, matière brute de monologue, sketch, ou autre. Bref, que vous ne les laisserez pas s'échapper, mais que vous les conserverez précieusement. Il suffit d'en faire une habitude, un réflexe automatique, et la plus grande partie du travail sera déjà accomplie. Ce que n'importe qui peut faire. Sauf que…

Qui écrit ?

Auteur : celui qui écrit pour lui-même
Scripteur : celui qui écrit pour les autres
Humoriste : celui qui écrit et *performe* ses propres textes sur scène
Scénariste : celui qui écrit pour la télévision ou le cinéma

C'est pas parce que votre matante favorite vous trouve drôle que tout le monde va vous trouver drôle

On parle ici des comiques de salon qui sont très, ou même trop, nombreux. On en connaît tous un. Que ce soit l'oncle Roger qui radote ses anecdotes chaque année au souper de Noël – toujours précisément entre la salade et la tourtière – ou encore, honte ultime, notre propre père qui lance la même blague poche dès que l'occasion se présente, en pensant sincèrement que personne ne l'avait entendue avant ou que tout le monde l'avait oubliée. À plus forte raison quand il y a effectivement quelqu'un à portée de voix qui ne l'avait pas entendue avant. Et qui la trouve bonne. Et le cercle vicieux se perpétue, malgré les coups de pied pas trop subtils distribués sous la table.

Si on plaçait ces personnes dans le contexte d'une audition pour entrer à l'École nationale de l'humour, elles n'auraient probablement aucune chance. On aura beau être un bon raconteur d'anecdotes de voyages, de blagues cochonnes et de taquineries familiales, hors de leur contexte ces blagues tomberont à plat. D'ailleurs, plusieurs humoristes, même les plus connus, ne sont pas du tout drôles dans leur vie de tous les jours. Souvent, ils sont timides ou pessimistes, et tout le contraire du comique infatigable qui crève l'écran ou s'approprie la scène.

Pour écrire l'humour et en faire un métier, vous devez aller plus loin que de simplement ressasser les mêmes vieilles blagues. Chaque aspirant au titre d'« humoriste » doit développer son regard singulier, son point de vue sur son environnement. C'est cette manière de considérer les choses de façon originale et personnelle qui fait qu'un individu drôle peut aller plus loin que l'anecdote. Il observe le monde qui l'entoure et peut recréer la situation avec des yeux qui « voient drôle ».

« À quoi bon prendre la vie au sérieux, puisque de toute façon nous n'en sortirons pas vivants ? »

– ALPHONSE ALLAIS

Quel est le trait commun qui unit ce bon vieux Roger et notre gentil petit papa qu'on aime quand même ? Souvent, le manque de nouveauté et d'originalité. Parce qu'en général, une blague n'est vraiment drôle que la première fois qu'on l'entend. OK, peut-être la seconde aussi. Un peu moins. Mais c'est limite. Pour sa part, l'humoriste est en constant ressourcement et en création 24 heures sur 24.

Si vous aspirez à en faire une carrière, espérez connaître du succès, et que les gens REVIENNENT vous écouter, ça vous prend du matériel neuf. Chaque fois. Contrairement aux chanteurs qui peuvent se permettre tournée par-dessus tournée avec les mêmes succès – et les spectateurs viennent exactement pour ça ! –, en humour, il faut innover à tout coup. On peut pas rouler longtemps avec Pète et Répète.

Mais ce matériel neuf, encore faut-il le *créer*. Heureusement pour vous, et pour votre public, ça s'apprend. Il existe des techniques, des méthodes, des protocoles. Rien ne se fait tout seul, mais tout est faisable. Il faut être prêt à y mettre l'effort, vous concentrer, surtout ne pas vous laisser abattre par l'ampleur de la tâche. Et vous devrez d'abord prendre quelques habitudes qui deviendront vite des réflexes...

Être ouvert et être un bon observateur du monde qui vous entoure

Un humoriste est un révélateur, un chroniqueur de la société dans laquelle il vit. Il analyse et décortique l'humain autour de lui pour l'imiter, le parodier ou le dénoncer avec sarcasme. Mais pour aller plus loin dans vos observations, vous devez faire vos devoirs pour rester au fait des nouvelles tendances, prendre note de ce qui allume les gens et enrichir votre bagage culturel. C'est dans cet apprentissage quotidien que vous trouverez vos sujets. Vous devez également entretenir votre jardin personnel, étudier votre monde et votre milieu et en tirer ce qu'il recèle d'universel.

> ***« L'humour est un miroir de la société, une composante identitaire, un lubrifiant social. Il améliore la diffusion et la pénétration des messages. Il facilite la résolution de problèmes. Il favorise l'émergence des idées. Il suscite l'engagement, brise les tensions, diminue les résistances au changement. »***
>
> – LOUISE RICHER

Tel que mentionné, l'humour se manifeste de plusieurs façons et à de multiples niveaux. Par exemple, on peut en trouver dans toutes les « tranches de vie » de notre enfance. Ou dans une scène de ménage entre deux inconnus en pleine rue. Ou encore dans l'observation quotidienne des manies des collègues de bureau, qui font d'eux des caricatures vivantes. Il faut avoir des yeux tout le tour de la tête et les oreilles constamment dressées. Une bonne trame narrative que vous développerez, quelques gags bien peaufinés que vous glisserez au gré du texte, de la relecture, l'avis de quelques testeurs aguerris, et c'est déjà un début.

Vous jetez les bases, vous élaborez un texte, et voilà ! Le tour est joué !

Euh… non. Vraiment pas. N'allez pas croire que les humoristes qui connaissent le plus de succès :

- tirent du matériel de la moindre parcelle d'inspiration ;
- tirent dans le mille à chaque blague qu'ils conçoivent ;
- ne se tirent jamais dans le pied.

L'importance d'être bien informé

L'humoriste doit d'abord étudier le monde dans lequel il vit et élargir ses connaissances afin de rejoindre un maximum de spectateurs, surtout à ses débuts, alors qu'il est encore en train de se faire un nom. Au fil du temps, en développant son alter ego scénique et en ciblant un public de plus en plus fidélisé à son type d'humour, il peut voir son champ d'action s'affiner en conséquence. Mais ça ne se fait pas sans peine.

Idéalement, un humoriste lit les journaux de façon quotidienne, même ceux qui ne l'intéressent pas particulièrement, mais qui lui permettent de rester au courant de ce que son public connaît. L'actualité regorge de pistes de blagues, que ce soit les personnalités politiques ou artistiques, les scandales, le monde des affaires ou les potins. L'humoriste fait flèche de tout bois. De plus, il doit sortir des sentiers battus et mener sa recherche en lisant non seulement les journaux connus, mais également des blogues obscurs, en visionnant des émissions de télé ou en scrutant le Web, où il dénichera de nouveaux sujets et découvrira de nouvelles têtes de Turc.

« Il n'y a aucune peine à devenir humoriste quand il y a tout un gouvernement qui travaille pour vous. »

– WILL ROGERS

Oui, ça demande de l'effort. Et ce, avant même d'avoir conçu une seule blague. **Le point pivot de l'humour est la notion de référence.** Si les gens ne savent pas de quoi vous parlez, ils ne riront pas. Inversement, vous devez être au courant de ce qui intéresse votre public. Vous ne pouvez pas servir les mêmes faits ou situations à un auditoire de jeunes adultes en Gaspésie qu'à un groupe de baby-boomers fonctionnaires à Gatineau. Il faut d'abord titiller votre public avec une approche à laquelle il s'identifie, et l'amener à vous suivre dans vos propos plus personnels.

Truc éclair
L'importance de la culture personnelle

Si vous savez pas qui est Vladimir Poutine, on peut tout de suite vous confirmer que vous êtes mal parti (indice : il n'est pas originaire de Drummondville ni de Victoriaville).

Le monde de l'humour est un feu roulant qui souvent carbure à l'actualité, d'où l'importance de rester aux aguets de ce qui se passe autour de vous. De plus, y a-t-il meilleure façon de commencer sa journée qu'en épluchant les journaux et les sites Web à la recherche d'imbécillités… euh… de déclarations de politiciens et faits divers pouvant vous servir de matériel ?

Travailler, retravailler, et retravailler encore

Surprise ! Écrire, c'est réécrire !

Écrire l'humour exige deux qualités contradictoires : posséder un ego fort et, en même temps, rester humble face aux commentaires des autres et à la réaction – ou absence de réaction – du public. L'écriture humoristique doit être claire et concise. Oubliez les longues phrases à plusieurs volets qui vous font paraître intelligent. C'est bien beau, mais ça fait pas rire. Pas question de littérature ici. L'humour doit divertir en provoquant le rire. Oui, les épaules doivent sauter ! Ce n'est pas une mince tâche ; il faut travailler et retravailler son texte et ses blagues.

> ***« L'humour a une forme d'équité, c'est le plus drôle qui va l'emporter. Tu as beau être le fils d'untel ou le meilleur ami de l'autre, si les gens ne rient pas... »***
>
> – PHILIPPPE-AUDREY LARRUE ST-JACQUES

Le numéro sera encore meilleur après une recherche et un questionnement sincère. Souvent, de nouvelles idées apparaissent durant la réécriture.

Demandez-vous :

Est-ce que ce que je dis est clair ?

Est-ce d'autres que moi peuvent saisir le sens de mon propos ?

Est-ce que j'ai bien fait le tour du sujet ?

Est-ce que mon angle est bon ?

EST-CE QUE C'EST DRÔLE ?

> ***« Créer, c'est se permettre de faire des erreurs. L'art, c'est de savoir lesquelles il faut conserver. »***
>
> – SCOTT ADAMS

Choisissez des concepts évocateurs, des images, des surprises. Trouvez le mot exact. Un Popsicle qui fond n'est jamais aussi collant qu'un Popsicle qui dégouline. Un tibia fracturé à trois places fait beaucoup plus mal qu'un tibia triplement fracturé. Une coquerelle écrasée n'est jamais aussi dégoûtante qu'une coquerelle écrapoutie (en passant, selon le dramaturge Neil Simon, les mots contenant le son K seraient en général plus drôles – ça reste à démontrer, mais gardez ça à l'esprit, au cas où...)

Ce genre de détails peut faire une énorme différence. Le tout, sans qu'on sente l'effort, sinon le public ne rira pas. Ultimement, il faut créer l'illusion que la phrase est sortie toute seule, comme si vous veniez tout juste d'y penser.

> ***« L'humour, c'est mystérieux. Il y a des gags que je ne comprends pas. Je ne comprends pas pourquoi ça rit. Je ne sais pas, peut-être parce que ça va chercher un mot, ou une syllabe… Côté sonorité, des fois c'est mieux de dire "seize" que "treize", de dire "gauche" que "droite". C'est vraiment de la musique, et il faut trouver la bonne. »***
>
> – KORINE CÔTÉ

Par contre, il arrive qu'à force de retravailler un texte, on le trouve de moins en moins drôle. Alors c'est le moment de tester vos blagues en spectacle ou de les faire lire par des gens de confiance. Non, pas vos proches. Vos mère, père, amis, blonde ou chum ne sont pas les meilleurs juges, parce qu'ils risquent d'avoir l'une des deux réactions suivantes (croyez-nous sur parole, on y est tous passés) :

1. pour vous encourager, ils vont traiter chaque mot sortant de votre bouche comme un trésor hilarant ;
2. pour vous protéger d'un potentiel rejet, ils ne trouveront <u>rien</u> de drôle.

Par conséquent, à vos débuts, nous vous recommandons d'échanger avec d'autres humoristes en herbe, comme vous. Vous ferez la rencontre de ces personnes soit en fréquentant des soirées d'humour, soit en suivant des cours. Et quand on dit échanger, ce n'est pas avec un simple « Peux-tu juste me dire ce que t'en penses… ? » Il faut que ça fonctionne dans les deux sens, donc que vous preniez leurs commentaires en considération au moment de réécrire.

Les auteures de cet ouvrage ont écrit plus de 2 millions de mots. Un à la fois. Les uns à la suite des autres. En recommençant souvent. Des scripts pour la télé aux rapports scientifiques, en passant par les monologues de stand-up et les romans érotiques, chaque texte, peu importe son but, a d'abord été jeté sur cette fameuse page blanche dont plusieurs ont si peur. Mais voilà, il faut bien débuter quelque part.

Par la suite, de nombreuses paires d'yeux se sont écorchées sur leurs écrits ; de nombreuses bouches les ont énoncés à voix haute. Juste pour voir si ça marchait. Et, souvent, ça marchait pas, justement. Il fallait changer. Un peu ou beaucoup. Ajuster quelques détails, ou encore tout refondre de A à Z. En se répétant qu'il ne faut pas arrêter tant qu'on n'a pas « livré la marchandise » à son public cible.

« J'efface tout et je recommence. Parce que je considère la création comme une ardoise... »

– PIERRE DAC

Ce sera pas suffisant d'écrire quelques blagues, de les réviser une ou deux fois, puis de vous dire que tout est parfait et d'en rester là. L'écriture, peu importe la forme qu'elle revêt, est une partie de ping-pong entre l'humoriste, ses collaborateurs et l'auditoire. Le genre de match qui tient souvent du sport extrême.

L'acte d'écrire

D'abord, vous devrez poser votre fessier sur un siège au confort relatif. Il y a quelque chose dans le simple geste de s'asseoir pour écrire qui est commun à tous les types d'écriture. Même si les idées peuvent venir à n'importe quel moment – mais rarement sur commande, – commencez par vous constituer des rituels visant à instaurer une habitude de travail pour les développer. De même, nous aborderons un peu plus loin diverses techniques pour stimuler la créativité et l'imaginaire. Là encore, en décidant d'un moment dédié à vos activités de création, très rapidement un déclic se fera dans votre cerveau lorsque vous arriverez à cette plage de votre horaire, lui indiquant de se mettre en mode « humour ». L'appétit vient en mangeant ; l'humour survient en écrivant. C'est aussi bête, mais aussi difficile que ça.

De la génération d'idées au peaufinage de la performance sur scène, en passant par l'élaboration d'un sketch ou le perfectionnement de dialogues, il est important d'instaurer rapidement une bonne routine.

« La discipline, souvent, est plus importante que le talent. »

– LOUIS MORISSETTE

Vous bloquez un moment dans votre emploi du temps et à GO, vous écrivez. Quelque chose de génial ou de complètement pourri. Probablement quelque part entre ces deux extrêmes. Tout ce qui compte, c'est que vous ayez travaillé et produit quelque chose. C'est en faisant ce que l'on veut faire qu'on devient ce que l'on veut être. Et ça vaut autant en humour que dans n'importe quelle autre discipline.

Avez-vous ce qu'il faut ? Votre « moi humoristique » brûle-t-il d'envie de s'exprimer ? Fort probablement, sinon vous seriez pas en train de lire ceci.

Mais… êtes-vous prêt à y mettre l'effort requis ?

Quoi ?

C'est quoi, l'humour ?

Si on s'en tient à sa définition stricte (telle qu'offerte par le p'tit Robert ou l'gros Larousse ou n'importe quel autre sombre personnage du genre), l'humour est une façon de représenter la réalité sous un aspect drôle, même quand elle ne l'est pas. On dirait même plus : SURTOUT quand elle ne l'est pas. Tomber en glissant sur une pelure de banane, ça fait mal ; on peut se casser le cou. Mais si au final on s'en tire à bon compte, ça devient drôle. À plus forte raison avec un certain recul. Et ça vaut aussi pour les toitures qui coulent, la perte d'un emploi, la fin d'une relation de couple.

Si on voulait traduire le tout par une formule mathématique, on écrirait :

HUMOUR = du drame + du temps

Autant langage que moyen d'expression, l'humour vise non seulement à faire rire, mais aussi, bien souvent, à transmettre un message ou un enseignement. Tous les lecteurs ici présents se souviendront, sans même que ce soit forçant, d'un professeur en particulier qui était drôle et avec lequel, par conséquent, ils ont appris plus qu'avec les autres. L'humour abat les barrières et nous rend plus réceptifs.

L'humour est également une perception du monde et un état d'esprit personnels. Par exemple, avez-vous remarqué que dans une famille, les frères et sœurs qui ont vécu les *mêmes* années de jeunesse avec les *mêmes* parents dans la *même* maison auront des versions différentes des *mêmes* événements ? C'est exactement pareil pour le rire, parce que l'humour est subjectif. Un humoriste perçoit la réalité avec des yeux qui « voient drôle » et le fait remarquer à son auditoire.

Des paroles, des gestes ou des mimiques peuvent être comiques sans que ce soit volontaire. Par contre, l'humour vise expressément à faire rire. Pas question de le garder pour soi. Sauf qu'il faut aussi savoir le livrer. Il faut observer, transformer puis transmettre. Et c'est là que tout se complique. Parce l'écriture humoristique doit combiner l'information et le divertissement en doses précises. Trop de blabla avant d'arriver au punch, et la blague se perd. Pas assez d'info pour comprendre le contexte, et le public est perdu. Il faut un juste milieu.

« À quelle heure le punch ? »

– DENISE FILIATRAULT

L'humour est-il un art ou pas?

Certains milieux culturels ne reconnaissent pas la qualité artistique de l'humour. Ils n'admettent pas que la démarche de l'humoriste soit équivalente à celle de l'artiste en arts visuels ou issu du théâtre. Pour rester polies, à ces détracteurs nous disons qu'écrire son propre texte et le jouer seul sur scène sans aucun artifice relèvent de la haute voltige artistique et on vous met au défi de l'essayer.

AVERTISSEMENT : Montée de lait en règle

Le sens de l'humour

Une fois c't'un gars qui s'appelait François Rabelais, et qui a sorti quelque chose de très profond, à savoir que « le rire est le propre de l'homme ». Autrement dit, seuls les humains rient, ce qui nous distingue des autres animaux et est un signe de notre intelligence. Ce qui sous-entend que, oui, cela prend de l'intelligence pour rire – et encore plus pour faire rire. Sans vouloir insinuer que la majorité du monde est cruche, si la plupart des gens se contentent de répéter les blagues qu'on leur a racontées, c'est probablement parce qu'il est très difficile d'en inventer de nouvelles.

Qu'on le considère comme un cadeau du ciel ou une malédiction – ou quelque chose entre les deux –, le sens de l'humour est inné, mais il varie tellement d'un individu à l'autre qu'on peut souvent le croire déficient. **On ne comprend que ce qui nous ressemble, surtout lorsqu'il est question du rire.**

> ***« L'humour en dit beaucoup sur nous : dis-moi de quoi tu ris, je te dirai qui tu es. L'humour est une couleur d'expression omniprésente, un mécanisme fondamental d'adaptation, de socialisation, de cohésion, de dédramatisation, de relativisation, de résilience. Sans humour, on se tirerait tous une balle dans la tête ! »***
>
> – LOUISE RICHER

Puisque l'humour est une transaction entre deux entités, celle qui l'émet et celle qui le reçoit, ces différences s'appliquent aussi bien pour l'une que pour l'autre. Une blague X peut faire rire aux larmes ceux qui se trouveront sur la même longueur d'onde, mais en laisser d'autres complètement froids. La ligne est mince entre « tordant » et « poche ».

L'humour dénote de l'ouverture d'esprit et demande à la fois intelligence et distance. Que ce soit en tapant sur plus haut ou plus bas que soi, dans les deux cas l'humour sert également à nous donner un sentiment de supériorité. On a juste à penser au « bon boss » d'Yvon Deschamps, à Sugar Sammy dont c'est la marque de commerce de se moquer de toutes les nationalités et à Alec Baldwin qui parodie Donald Trump à *Saturday Night Live.*

Dans notre société moderne et civilisée (on file généreuses côté compliments), en plus de divertir, l'humour peut être militant. À ce moment-là, il dénonce autant qu'il défonce, et contribue à rectifier les injustices en mettant en lumière les incohérences. Il réunit autant qu'il divise et peut parfois devenir un moyen d'échapper à de fortes pressions sociales ou à des contraintes.

Tout ça pour dire que l'humour est un art et un atout important pour le monde de la culture. En effet, livrer sa parole et réussir à faire rire sans autre artifice qu'un micro, c'est l'art dans sa plus simple expression.

« J'aurais voulu être un artiste. »

– LUC PLAMONDON, chanté par Claude Dubois

Qu'est-ce qui fait que c'est drôle ?

Notre but premier est de vous guider à travers les sombres méandres de la psychologie profonde de l'humour et du pathos humain. Genre.

En toute vérité, ce qui fait que c'est drôle demeure un mystère. Comme celui de la Caramilk. Par contre, nous pouvons vous révéler ce qui peut *rendre* une chose comique, et cette rubrique est le meilleur endroit que nous avons trouvé pour inclure quelques brèves définitions peu compromettantes.

La forme d'humour la plus répandue et facile à reconnaître pour le Québécois moyen est l'**humour d'observation**. Tourner en ridicule des faits de la vie, nos habitudes, le quotidien, et qui tient dans les « avez-vous déjà remarqué que… », « je sais pas pour vous, mais moi des fois… », ainsi que toutes les blagues de belles-mères, de patrons, de relations de couple, de chèque perdu dans la poste, etc. L'humour **pince-sans-rire** est basé sur des principes semblables, mais caractérisé par l'air sérieux et même dramatique de la personne qui le livre : « Demain, c'est la fête de mon chat. J'peux-tu inviter d'autres chats ? » – Pierre Légaré

Il y a le **pastiche**, qui imite à la manière de… sans dénoncer l'élément imité : « Faire l'amour c'est un des plus beaux cadeaux de la vie. C'est vrai que c'est comme un cadeau. Bien sûr, des fois t'as le goût de dire : j'espère que t'as gardé ta facture. » – Claudine Mercier en Lise Watier

La **raillerie** tourne en ridicule de façon inoffensive : « Moi j'ai toujours envie de sexe. Je suis une croqueuse d'hommes. Je croque dans le fruit défendu. J'peux-tu te dire que mes cinq portions par jour, j'les dépasse amplement. » – Jean-Michel Anctil en Priscilla

La **parodie** consiste à imiter de façon sarcastique un propos tout en le dénonçant, comme dans les *Bye Bye* et les faux commerciaux de Rock et Belles Oreilles (RBO). Dans « Hérouxtytville, la ville intolérante » (RBO Bye Bye 2007) le personnage de Guy A. Lepage demande à un couple arabe :

Guy A : « C'est quoi vot char ? »

L'homme : « Une Hyundai »

Guy A : « Un char étranger. Bougez-pas… »

Mentionnons aussi la **satire,** qui tourne un travers en ridicule (Marc Labrèche qui imite Christian Bégin), tandis que l'**ironie,** qui tient un discours pour en sous-entendre un autre (« bravo, champion ! »), est l'arme de choix de Martin Matte et Yvon Deschamps.

Le **sarcasme** est plus mordant : on peut y déceler de l'amertume, de la frustration et du mépris. À la différence de l'ironie, dans le sarcasme l'intention de méchanceté est apparente : « L'autre fois, j'écoutais la TV pis y'avait un prof d'économie qui parlait. Moi j'ai ben de la misère avec ça. Si tu connais ça tant que ça l'économie, comment ça se fait que t'es prof pis que t'es pas sur une plage aux Bahamas en train de compter ton argent ? » – Jean-François Mercier

L'**absurde**, contraire à la logique et à la raison, est également utilisé. Malgré le non-sens, on comprend la référence : « Les poires, ça ressemble à une ampoule ce fruit-là. Je veux pas faire mon drôle, mais si une ampoule brûle chez-vous, remplacez-la pas avec une poire. » – Jean-Thomas Jobin

Poussé loin, ce genre rejoint parfois l'**humour engagé** qui dénonce le pouvoir, les travers de la société, comme le font Fred Dubé et Les Zapartistes. Pour leur part, Guy Nantel et Daniel Lemire font de l'**humour d'actualité**.

« L'humoriste est là pour désacraliser les choses en faisant des pirouettes autour de l'ordre établi. »

– JEAN YANNE

À l'extrême, il y a l'**humour noir**, qui souligne la réalité de façon cruelle et tire profit d'éléments tristes ou désagréables pour les tourner en dérision. Peuvent faire partie de cette catégorie l'humour cinglant, l'humour baveux et Mike Ward pour l'ensemble de sa carrière : « La plupart des humoristes vendent leur DVD pour s'acheter un chalet, moi c'est pour payer mes avocats. » – Mike Ward

Nous terminerons par le meilleur conseil qui soit pour que vous puissiez bien comprendre ce qui fait rire les gens et ainsi orienter votre futur métier d'humoriste de façon à vous assurer le maximum de succès: dirigez-vous vers la bibliothèque la plus proche et adressez-vous au personnel qualifié pour dénicher un traité exhaustif sur le sujet. Parce que, de notre côté, nous avons encore bien d'autres choses à vous dire et, mine de rien, le temps file…

L'humour comme miroir d'une société

Quoi de mieux que les propos de ses humoristes pour connaître une société ? L'humour n'est ni l'avant-garde ni une vision du futur, mais bien un reflet très actuel des valeurs, des inquiétudes et des travers de cette société. Là où l'humour est souvent à l'avant-garde, par contre, c'est dans sa forme, en repoussant constamment les barrières de ce qu'on peut dire, surtout en ce qui concerne la liberté de parole.

Bien que plusieurs se trouvent offensés par les numéros de Sugar Sammy, on n'a pas le choix d'admettre qu'il est passé maître dans l'art de remarquer les petites particularités des différentes cultures, et surtout les multiples travers des Québécois. Ceux qui n'en font pas de cas – les gens qui ne sont ni susceptibles ni sainte-nitouche – sont ceux qui en profitent, parce qu'ils y trouvent le plus de plaisir. Aucun besoin de chercher loin pour apprécier la blague, on se reconnaît tout de suite et on rit de bon cœur. À titre d'exemple, cette tendance s'illustre lors des revues de fin d'année qui mêlent non seulement actualité et faits divers, mais montent également une bonne part des numéros sur le dos des politiciens, des sportifs et de Céline Dion.

> ***« Le travail de l'humoriste est d'être l'anthropologue de la société. »***
>
> – SUGAR SAMMY

Remarquez que les Québécois ne sont pas uniques. Cette capacité d'autodérision se retrouve parmi plusieurs cultures qui se moquent de leurs propres défauts. Par contre, nous seuls avons le droit de rire à ce point de nous-mêmes – comme au sein des familles : oui, t'as le droit de rire de ta grand-mère, mais tu n'accepterais jamais que le voisin le fasse… Un *Bye Bye* produit hors province et qui utiliserait le même matériel pour se moquer des Québécois provoquerait instantanément un tollé de protestations et de plaintes à la Commission des droits de la personne, soyez-en assuré.

L'humour comme soupape antistress

Les anglophones affectionnent l'expression *comic relief,* qui se traduirait ici par « le clown de service ». L'insertion d'un personnage ou d'une situation qui détonne de façon comique quand le drame est trop lourd sert à relaxer la tension et à susciter chez le spectateur une émotion opposée qui ne fait que rendre le suspens encore plus prenant par la suite. Comme la bonne vieille pelure de banane. On n'a qu'à penser à C3PO dans *Star Wars*, Eugene dans *The Walking Dead* et n'importe quel personnage américain dans les films de James Bond.

Si on extrapole pour appliquer le tout à la vie en général et à la ville de Montréal en particulier, l'humour est un excellent outil nous permettant d'oublier nos préoccupations quotidiennes (les impôts, les nids de poule et les machines distributrices qui refusent de rendre la monnaie) et de réaliser que, même si on ne s'en sort pas vivant, la vie recèle une bonne part de drôlerie et qu'au lendemain d'un spectacle d'humour, on sera quand même pris dans les bouchons de circulation…

Les particularités de l'écriture humoristique

Contrairement à une machine distributrice qui se fait un plaisir de vous livrer une friandise pour peu que vous ayez inséré quelques sous dans la fente, les idées pour un gag ne viennent pas sur commande. Écrire l'humour demande d'être aux aguets 24 heures sur 24. En général, c'est pas quand vous êtes assis devant votre ordinateur et fin prêt à tapocher sur votre clavier que l'inspiration surgit; elle peut, par contre, vous surprendre à des moments ordinaires de la vie de tous les jours. Comme en montant un escalier. Ou en prenant votre douche. Ou en vous faisant arracher une dent de sagesse. Surtout en vous faisant arracher une dent de sagesse. Ça fait mal, mais ça inspire. Comme on l'a déjà dit: HUMOUR = du drame + du temps. Comme les rêves, les idées intéressantes vous viendront sans préavis, de n'importe où, au moment où vous vous y attendrez le moins. Et tout comme les rêves, vous les oublierez facilement si vous ne les notez pas tout de suite.

Truc éclair
Ayez toujours à portée de main de quoi écrire

Et surtout, n'hésitez pas à vous en servir. Que ce soit la bonne vieille combinaison papier + stylo, ou un téléphone intelligent, ou une main qu'on s'efforcera de ne pas laver avant d'avoir transcrit notre idée géniale. À la limite, une épaule dénudée sur laquelle on peut grafigner un mot ou deux avec notre ongle. Tous les moyens sont efficaces. Sauf si vous êtes au volant. Mais tout cela, vous le saviez déjà, n'est-ce pas ? ☺

Quand l'écriture humoristique est destinée à une prestation sur scène, vous devez garder à l'esprit qu'il faut écrire pour être entendu, et non pour être lu. C'est pas le moment de vous lancer dans de longues phrases un peu pompeuses. Au contraire, afin de bien communiquer avec l'auditoire, votre numéro doit sonner comme une conversation dans laquelle le public répond à vos propos par le rire. Le tout sur un ton convivial et avec un débit approprié. De plus, pour qu'un numéro fonctionne, quelle qu'en soit la forme, ça doit avoir l'air facile – un défi de taille puisque vous pouvez être mort de peur en entrant sur scène. Pensez au canard qui semble flotter tout doucement alors que sous l'eau il se fait aller les petites pattes à la vitesse turbo…

« La peur n'est pas une embûche, mais un tremplin. »
– ANDRÉ SAUVÉ

Chaque blague doit se présenter comme si vous veniez juste d'y penser, conférant une impression d'improvisation même si c'est vraiment pas le cas. Tout ça, en restant à l'écoute de la réaction du public. Parce que si c'est possible de moduler ou d'ajouter une blague inspirée du moment, vous pouvez pas improviser un numéro au complet. D'où l'importance du travail d'écriture, avant même d'envisager la mise en scène et la production. Ouf!

Ceci étant dit, il y a bien entendu des exceptions à la règle. Tout le monde pense ici à Jean-Marc Parent et à son talent inné pour improviser des grands bouts de numéro quand le public est mort de rire. Ou à Simon Leblanc qui n'écrit jamais ses spectacles sur papier, mais garde tout en tête. Sauf que vous n'êtes ni l'un ni l'autre. Du moins, pas encore.

En fait, des années pourraient passer, vous pourriez connaître un succès phénoménal, mais sans jamais être capable d'improviser de la sorte. Parce que ça relève de la haute voltige. Ce genre de don est un cadeau du Ciel, et tout le monde sait que le Ciel n'est pas très généreux de ce côté.

De kessé ?

L'humour est livré sous plusieurs formes, toutes fondées sur des critères différents.

LE MONOLOGUE – *Raconter une histoire avec un début, un milieu et une fin*

Par définition, le monologue raconte une expérience que vous avez vécue, ou encore peut donner la parole à quelqu'un d'autre. Dans les deux cas, l'histoire est relatée à la première personne, autrement dit au « je ». Le public doit avoir l'impression non seulement que l'anecdote ou la situation est vraiment arrivée, mais qu'en plus elle ne pouvait arriver qu'à vous. Il va sans dire que ça n'a pas besoin d'être vrai. Par exemple, dans « Le grand tarla », Yvon Deschamps explique à quel point il est découragé de son fils adolescent. Dans la réalité, Deschamps n'a pas eu de fils, mais trois filles. Qui sont toutes charmantes, soit dit en passant.

Un monologue peut avoir un message social ou engagé, à la façon de Guy Nantel. À l'opposé, l'intention de faire rire peut primer sur le message social, comme c'est le cas pour Jean-Marc Parent et Michel Barrette.

En dépit de ce qu'on a énoncé deux paragraphes plus haut (vous nous excuserez de vous faire le coup), le monologue peut se baser sur un fait vécu (c'est-à-dire un voyage qui a viré au cauchemar, une nuit de noces ratée, ou la fois où vous vous êtes mordu la langue dans la salle d'attente du dentiste après vous être fait arracher vos dents de sagesse…) Libre à vous de vous épancher en public et de révéler vos secrets les plus intimes. Ce qui importe, c'est de rendre drôle une situation qui de prime abord ne l'était pas du tout, en fonction (encore) de la formule consacrée « Humour = du drame + du temps ».

La difficulté se situe dans le besoin de dépasser le cadre des simples faits. Pour que votre monologue soit drôle, vous devez aller plus loin que juste relater de façon chronologique. L'histoire en soi ne constitue que la rampe de lancement. Vous devez ensuite mettre le tout en orbite et le faire voyager en y ajoutant des gags et des émotions. Parce que c'est l'émotion qui relie le public à l'histoire, et au cœur de l'émotion se situe la vérité qui transpire par votre attitude : vous êtes content, fâché, déçu, exaspéré, etc. L'important est que l'émotion véhiculée par l'attitude soit claire. De plus, l'auditoire doit sentir que votre numéro est tiré directement de votre vie, de vos expériences, même si tout est exagéré ou encore complètement faux. Et pouvoir s'identifier à ce que vous racontez. On s'est tous mordu la langue au moins une fois après une visite chez le dentiste.

> ***« Ça fait six ans que ma carrière est basée sur le fait que j'ai des épisodes de dépression, que je fais de l'insomnie. Il vient un moment où parler constamment d'affaires négatives en spectacle, et le rendre comique, ça finit par te donner une poutre positive ou relativiste sur la vie, et les choses deviennent moins sombres. »***
>
> — CHARLES BEAUCHESNE

Pour être drôle, ironiquement, le secret est *de ne pas essayer* d'être drôle, mais plutôt d'être authentique. Un autre secret, surtout en début de carrière, consiste à mettre de l'avant des sujets qui vous intéressent, et non à tenter de deviner ce que les spectateurs aimeraient entendre. Ce qui fait rire, ce ne sont pas tant les faits que votre réaction face à l'imprévu, aux surprises et à l'embarras. Le public sera davantage diverti par *votre* point de vue sur *votre* situation.

L'écriture d'un monologue peut se faire de la façon suivante :

1. écrire d'un trait toute l'histoire, sans s'inquiéter de son potentiel humoristique ;
2. au bout de quelques pages, un retour sur le texte permet de le diviser en paragraphes ;
3. pour chaque paragraphe, ajouter au moins un gag, soit en image ou en insérant un des éléments de transformation (voir p. 63).

La forme peut et doit avoir quelques punchs, même si ce n'est pas du stand-up.

LE STAND-UP – *Sur le ton de la conversation, avec un rythme*

Le stand-up est constitué d'une prémisse (*set-up*) et d'une chute (ou un punch) toutes les 4-5 phrases.

***SET-UP*, PRÉMISSE** : Rampe de lancement du gag, mise en place des informations nécessaires à sa compréhension. Il situe l'auditeur en indiquant qui, quoi, où, comment, quand… Le *set-up* fait en sorte que les gens *écoutent*.

LE PUNCH, LA CHUTE : Mot, groupes de mots, gestes ou mimiques menant à l'aboutissement de la blague. Le punch fait en sorte que les gens *réagissent*.

Le *set-up* donne l'information et introduit le sujet en créant de l'anticipation pour la blague. Il doit être crédible et honnête, sinon le public aura l'impression de se faire avoir. De plus, le *set-up* doit être court, donc efficace (s'il est long, ce doit être volontaire). Lorsque vous arrivez au punch, par contre, vous devez surprendre, de façon à ce que le public ne vous voie pas du tout venir. Pas évident.

Si la passion est une locomotive puissante pour présenter un numéro, il est encore plus important d'organiser vos idées de façon à être compris par le public. En regardant votre matériel, vous pouvez relever les punchs et les organiser. En théorie, dans un numéro de stand-up, on ne devrait pas retrouver plus de quatre phrases consécutives sans punch. Par contre, un *set-up* peut avoir plusieurs punchs, qui viennent des éléments de surprise et/ou de contraste. Il faut aller à contre-courant pour déjouer le public. Vous devez aussi utiliser un vocabulaire précis et visuel, en restant bref. Le tout en soulignant les punchs, et ce, en parlant plus fort ou plus clairement, pour donner le signal au public que c'est le moment de rire.

Pour ce faire, il est préférable de mettre le mot-clé le plus loin possible dans la phrase. Considérons par exemple la devinette suivante :

Pourquoi les cannibales ne mangent pas de clowns ?
Réponse 1 – Parce qu'ils ont un drôle de goût.
Réponse 2 – Parce qu'ils goûtent *drôle*.

On voit tout de suite que la seconde option est plus efficace. Comme une partition de musique, le stand-up doit avoir un rythme.

> ***« L'écriture humoristique c'est le même rapport que l'écriture poétique. C'est la même chose. Tu découvres le mécanique, l'espèce de science du rire, le côté intangible qui est formidable avec le rire. »***
>
> — PHILIPPPE-AUDREY LARRUE ST-JACQUES

L'écriture de stand-up fait appel au sens de l'observation. On peut aborder des sujets comme la politique (Daniel Lemire, Guillaume Wagner, Jean-François Mercier), parler de couple, de situations de l'intimité (Louis-José Houde, Patrick Huard), des émissions de télévision, des questionnements (Pierre Légaré, André Sauvé), parodier, imiter, exagérer. On peut se moquer des politiciens, des vedettes, des hommes, des femmes (Mike Ward, Laurent Paquin, Mariana Mazza).

Les sujets doivent par contre être connus du public, donc se baser sur des événements, des lois, des concepts universels. Le référent est important; on ne le dira jamais assez. Si les gens ne savent pas de quoi vous parlez, ils ne riront pas. C'est à la fois extrêmement simple et drôlement compliqué.

Comme dans plusieurs œuvres de fiction, le personnage doit se retrouver en difficulté ou sous l'effet d'une contrainte (p. ex: Lise Dion sur son banc à la discothèque), parce que les gens s'identifient et se consolent en voyant quelqu'un aux prises avec un problème – « *Yes!* Pour une fois que ça arrive à quelqu'un d'autre ! »

Pour écrire un stand-up, votre point de vue et votre attitude doivent être clairs: « J'haïs telle chose », « j'aime ceci », « ça m'énerve quand… » Ces émotions doivent être bien définies, car elles forment le cœur du numéro. Vous dénoncez, vous ridiculisez, vous faites remarquer. Les gens veulent savoir qui vous êtes, et cela se révèle davantage dans votre point de vue et votre attitude que dans l'histoire que vous racontez. Les spectateurs s'en souviendront plus que de la teneur de vos propos.

Point de vue et attitude

Le point de vue, c'est ce que vous pensez. L'attitude, c'est comment vous réagissez. C'est crucial que ces deux éléments soient clairs.

Règle générale, un numéro de stand-up doit durer entre 5 et 7 minutes. Ce qui signifie 12 à 15 gags – ou encore entre 2 et 3 pages de texte. Gros max. Ceci inclut les silences voulus (il faut bien laisser les gens réagir !) et les effets sonores – n'oubliez pas que vous pouvez dynamiser votre texte et rendre la performance plus intense en changeant de voix ou en insérant des bruits. Une fois votre mise en présentation peaufinée pour la « livraison », vous pouvez vous enregistrer, vérifier la longueur et couper au besoin. Oui, couper. C'est triste, mais nécessaire.

> ***« J'écris pour* Piment fort. *Il faut écrire 2000 gags par semaine. C'est vraiment exigeant. Dites-vous que pour chaque gag que vous voyez, il y a cinq punchs qui ont été jetés. »***
>
> – SIMON DELISLE

La durée de votre numéro sera déterminée d'avance, puisqu'il sera inséré dans le déroulement (*pacing*) d'une soirée au sein de plusieurs autres performances. Si chaque humoriste ajoute un petit 60-90 secondes à sa partie, on vous laisse imaginer le décalage à la fin de la soirée…

Vos gags doivent être concis et condensés (lire : avec le moins de mots possible). Lors de la réorganisation de votre matériel, vous penserez aussi à placer vos meilleurs gags au début et à la fin du numéro, selon une formule qui assure le maximum d'impact sur le public.

DIFFÉRENTS STYLES DE STAND-UP

Au Québec, les gens adorent se faire raconter une histoire. Alors les stand-up se font généralement avec des liens. Si vous faites du stand-up à l'américaine (des « *liners* », sans liens), les gags doivent être très forts. La tendance de nos jours est de mêler des segments de stand-up entrecoupés de monologues et même de voix de personnages.

STAND-UP À L'AMÉRICAINE : On enchaîne les gags, un à la suite de l'autre, sans se soucier de faire un lien avec le gag précédent.

STAND-UP AVEC LIENS : On relie les gags les uns aux autres, une idée menant à la suivante, comme notre fil de pensées.

STAND-UP AVEC THÉMATIQUE : Sans raconter une histoire, l'humoriste choisit un thème et fait le maximum de gags sur le sujet, selon différents angles. La thématique peut être énoncée au début du numéro, ou encore ce dernier peut être composé de différentes parties, mais autour de la même thématique qui devient évidente au fil des gags.

« STAND-OLOGUE » : Dans un stand-up, insertion de segments où l'on raconte des histoires en partant sur des tangentes, pour ensuite revenir à des gags un après l'autre. Il peut y avoir plusieurs angles, et ici, l'histoire ou l'anecdote sert le numéro.

SURENCHÈRE : Réutilisation d'un *set-up* pour ajouter un nouveau punch ou renchérir avec un punch *sur* le punch.

***CALL BACK* :** Gag qui est compris des spectateurs parce qu'il a un lien avec un autre gag raconté plus tôt. Le public adore les *call back*, car, en les reconnaissant, il éprouve un petit sentiment de supériorité. Mais juste un petit.

***RUNNING GAG* :** Utilisation répétée d'un gag ou de l'un de ses éléments.

LE SKETCH – *Courte pièce de théâtre avec un début, un milieu et une fin*

L'idée de départ d'un sketch doit être simple, et le tout devrait pouvoir se résumer en une phrase. La situation doit être claire, et les personnages doivent être typés, parce qu'il n'y a pas beaucoup de temps pour établir le contexte ni connaître les personnages (par exemple, *Un gars, une fille, Like-moi*).

Avant d'écrire, identifiez un conflit ou une situation qui fait ressortir des émotions fortes entre les personnages (jalousie, amour, haine). Chaque personnage doit contribuer à l'action et vous devrez éliminer ou combiner les personnages superflus. Vous devrez aussi bien cibler le milieu où le sketch sera joué (télé, radio, scène, Web), puisque les conditions et le budget seront différents.

Établissez ensuite pour chaque élément un profil qui sert l'histoire.

- Quel est le potentiel comique de chaque personnage ?
- Lequel est le personnage principal ?
- Quelle est sa quête ? Qu'est-ce qu'il veut faire ?
- Qu'est-ce qu'il apporte à la trame narrative du sketch ?

Dans un sketch, les dialogues sont essentiels pour révéler les personnages et montrer leurs réactions. Les répliques doivent faire avancer l'histoire, être naturelles, percutantes et drôles. C'est important d'éviter les banalités comme « Bonjour, comment ça va ? » « Voudrais-tu un verre de jus d'orange ? » « Non merci j'ai pas soif ». Les dialogues doivent faire ressortir le conflit et la psychologie des personnages. On doit savoir quelle est la quête de chacun, ce qui l'habite ou le motive.

On peut se servir de la formule américaine qui donne une courbe dramatique : *boy wants girl – boy gets girl – boy loses girl – boy gets girl back*. En bon québécois : le gars veut la fille, la séduit, la perd, et la regagne à la fin.

Le cœur du sketch doit donc aller vite et tirer dans le mille avec tous les gags. Il faut rester là où se déroule l'action et éviter de partir sur des tangentes. Le sketch doit se terminer avec un punch tout en évitant les fins invraisemblables, comme l'extraterrestre qui surgit de nulle part pour régler tous les problèmes, ou encore la bonne vieille excuse du « ce n'était qu'un rêve » si chère aux téléromans d'après-midi.

Curieusement, il peut être plus facile d'imaginer la fin (ou le punch) et de l'écrire en premier, puis de bâtir l'histoire pour que tout tende vers cette fin.

LE PERSONNAGE

Le personnage (autre que l'humoriste) est plus grand que nature et permet de tenir des propos plus audacieux, voire controversés. Que ce soit en monologue, en stand-up ou en sketch, tout s'articule autour d'un personnage. Pour le sketch, il s'agit d'une évidence que nous n'avons pas besoin d'expliquer.

Ce qui est intéressant quand on se sert d'un personnage, c'est que nous pouvons aller plus loin dans nos propos. Ce n'est pas vous qui le dites, mais cet alter ego. La Priscilla de Jean-Michel Anctil peut énoncer plein de choses qu'un homme ne pourrait pas dire. Pire encore, une humoriste fille ne pourrait pas les dire sans passer pour une frustrée, alors que Priscilla nous fait rire précisément à cause de ses frustrations avec les hommes.

Alors, quand vous ne pouvez assumer des propos parce qu'ils sont controversés, durs ou trop intimes, pourquoi ne pas les dire à travers un personnage ?

Cependant, il faut savoir que le personnage demande une plus grande notion de jeu. Vous devez bien l'incarner pour que le public puisse y croire. Généralement, il faut composer un personnage complexe, et pour ce faire, vous pouvez vous inspirer de deux ou trois connaissances. Celles-ci peuvent venir de votre entourage immédiat : un oncle, une tante, un habitué au dépanneur, un voisin, un passager dans le métro, un patron, un collègue au travail. C'est ici que votre sens de l'observation est le plus mis à contribution.

> ***« J'ai toujours eu quelqu'un en tête en créant mes personnages. Le gars qui magasine, c'est quelqu'un avec qui j'ai déjà travaillé et qui avait cette attitude. Pour l'animateur de radio communautaire, je me suis inspiré de moi, qui n'étais pas très bon en radio. »***
>
> – FRANÇOIS PÉRUSSE

Ou alors, le personnage peut être créé de toutes pièces et sorti de votre imagination la plus débridée, en lui inventant une biographie détaillant ses qualités, ses défauts, sa manière de s'exprimer, son apparence physique, sa psychologie, ses passe-temps, ses croyances, son métier, etc.

Quelle que soit la forme...

Pour bâtir un numéro, un travail préliminaire est nécessaire. Il faut aborder les questions suivantes, sans s'y limiter :

- Quel(s) sujet(s) aimerais-je aborder ? Qu'est-ce que je veux dire ?
- Qu'est-ce qui me fait rire, moi ?
- Quelle forme de numéro servirait le mieux mon propos ?
- Qu'est-ce qui définit mon personnage sur scène ?
- Mon sujet est-il un « fait vécu » ou une invention ?
- Quelle est mon attitude par rapport à mon sujet ? Est-ce que mon attitude est claire ? (content, fâché, fatigué, cynique, etc.)

Si déjà des idées vous viennent en tête, gardez-les bien au chaud – vous en apprendrez plus sur la mécanique des gags à la section « Comment ? ».

Quand?

Ça date pas d'hier

On vous apprendra rien si on vous dit que le fou du roi a existé bien avant *Tout le monde en parle.*

Comme on est pointilleuses, on va quand même vous l'expliquer : au Moyen Âge, le fou du roi servait à divertir les invités aux banquets, grâce à des blagues, des devinettes, des acrobaties ou des pitreries. Puisqu'on le considérait souvent – à tort – comme un simple d'esprit, il était libre de faire des commentaires sarcastiques et de se moquer du roi et des courtisans en toute impunité.

Pourtant, même à cette époque, ça n'avait rien de nouveau. Le rire n'a pas été « inventé » comme le bouton à quatre trous, le dé à coudre ou le support à banane. Au même titre que la prostitution, faire le clown peut facilement être considéré comme l'une des plus vieilles occupations du monde, et ses origines remontent à la nuit des temps. En fait, les anciens humains et les hominidés qui les ont précédés étaient capables de rire et, par extension, de faire rire.

Encore aujourd'hui, on sait que les primates font des grimaces qui s'apparentent au rire. Et savez-vous quoi ? On n'a même pas besoin de leur apprendre.

Pour les experts qui ont étudié la chose chez nos lointains cousins, la grimace du singe est à la base une marque d'agression, une accumulation de sentiments de violence.

On a extrapolé que le rire pourrait aider à évacuer cette violence. Donc, du côté des humains, l'humour peut à la fois contribuer à faire baisser la tension d'une situation délicate, ou au contraire provoquer le malaise. La preuve: pensez aux blagues qui ne passent pas, aux rires gênés, et à tous ceux qui ne «prennent pas les jokes» et qui, au lieu de s'esclaffer, répondent à grands coups de poing. Bref, on parle ici de quelque chose de viscéral, et ce, depuis que l'humain existe.

Voilà pour la partie biologie élémentaire.

L'évolution de l'humour

Lorsque les premiers villages se sont organisés, des acrobates, saltimbanques, magiciens et autres hurluberlus voyageaient pour divertir les foules qui leur lançaient des pièces de monnaie ou du crottin de cheval, en fonction de leur talent. Même à l'époque des Grecs et des Romains, les théâtres proposaient autant de la comédie que du drame.

Puis, les villes se sont développées et les saloons, cabarets et autres endroits de perdition du même genre ont obligatoirement mis au programme quelques numéros visant expressément à divertir les spectateurs, entre deux effeuilleuses ou chanteuses au décolleté plongeant.

Dans les années 1920 aux États-Unis est apparu le vaudeville, qui suivait la tradition théâtrale, mais en format «très grand public» pour que les femmes et les enfants puissent y assister. Donc on enlevait ce qui était trop osé, et on recyclait le reste du matériel. Il faut croire qu'on était déjà écolo pratico-pratique, même à cette époque. De nos jours, à titre d'exemple, le théâtre d'été s'approcherait du vaudeville.

Parallèlement, le burlesque issu des clubs de danseuses s'est développé en fonction de l'élasticité des mœurs et de la rectitude politique. Les lieux étant fréquentés par les hommes, les humoristes désireux de se démarquer et de mériter leur salaire avaient du pain sur la planche et travaillaient fort pour trouver du matériel assez *trash* pour faire concurrence aux danseuses nues.

> ***« Bonjour, est-ce qu'il y a des gens de l'extérieur ? Bienvenue à l'intérieur. »***
>
> – GILLES THIBAULT

En général, on considère aujourd'hui le burlesque comme de la comédie physique mêlée de sarcasme et d'ironie (donc basé sur les répliques cinglantes et les dialogues punchés), alors que le vaudeville se construit autour de situations précises (p. ex. ce bon vieux « ciel, mon mari ! » ou encore le fait de glisser sur une pelure de banane). Dans un cas comme dans l'autre, un bel exemple qui englobe ces deux concepts se retrouve dans des émissions à sketchs comme *Like-moi* ou *Saturday Night Live*.

La tradition de l'humour au Québec

Le Québec a suivi la tradition du burlesque mêlé au vaudeville, et dans les années 1930 on trouvait des cabarets à tous les coins de rue de chaque ville (bon, on exagère, mais juste un petit peu). Montréal était très prisé pour son « *night life* » (ça, c'est vrai, par contre). C'est d'abord dans les cabarets qu'ont évolué les artistes comme Olivier Guimond, Dominique Michel, Denise Filiatrault, Paul Berval, Gilles Latulippe, Manda Parent, Rose Ouellette dite La Poune, et Claude Blanchard, pour ne nommer que ceux-là.

> ***« Y est trois heures, on ferme ! »***
>
> – CLAUDE BLANCHARD

Au fil du temps, le burlesque s'est adapté. D'abord au cinéma, avec l'ère muette des années 1900 – on n'a qu'à penser à Charlie Chaplin et à Buster Keaton. Suivront aux États-Unis les Laurel et

Hardy, Mel Brooks, Jerry Lewis, Marx Brothers. La France n'est pas en reste avec Jacques Tati, Louis de Funès, Pierre Richard.

À la télévision, le burlesque et le vaudeville donnent vie à plusieurs genres d'émissions comme le music-hall des années 1950, suivi des comédies à sketches comme les *Dick Van Dyke Show* et *Carol Burnett Show.* Au Québec, les équivalents seraient *Samedi de rire* et *RBO.* Et bien sûr des comédies de situations «*sitcom*» filmées devant public, populaires autant chez nous (*Symphorien, Moi et l'autre, Catherine*) qu'aux États-Unis où ils sont légion (*Happy Days, Seinfeld, Friends, Roseanne, Modern Family,* etc.)

> ***«Moé ch't'un Canadien québécois, un Français canadien-français. Un Américain du Nord français. Un francophone, euh Québécois canadien. Un Québécois d'expression canadienne-française française. On est des Canadiens, Américains francophones d'Amérique du Nord.»***
>
> – PIERRE FALARDEAU pour *Elvis Gratton*

Dans le monde – similitudes et différences

Comme pour bien d'autres choses, les Français pensent avoir tout inventé. D'accord, on peut bien admettre que c'est Rabelais qui, le premier, maniait déjà le sarcasme et la satire avec *Gargantua,* avant même que le Canada soit découvert. Sur scène, Molière dépeignait les travers de sa société et se moquait des bien nantis dès 1662 avec *L'École des femmes,* pendant qu'ici on habitait des cabanes en bois rond et qu'on se déplaçait en traîneaux à chiens et en raquettes dix mois par année.

Idem pour la Grande-Bretagne qui était en avance sur les États-Unis – sauf que les petits snoreaux au sud de la frontière les ont rattrapés assez vite, par contre. Au Canada anglais, la comédie a mis un peu plus de temps à se développer. On raconte même que le reste du Canada n'a découvert son sens de l'humour qu'avec l'arrivée au pouvoir de Jean Chrétien.

Au fil des siècles, tout s'est transformé et adapté pour prendre diverses formes scéniques. Le stand-up tel qu'on le connaît aujourd'hui est né au début des années 1960 lorsque Lenny Bruce a révolutionné le genre. Il est d'ailleurs considéré comme le père des humoristes (non, ce n'est pas Pôpa pis Môman, désolés de vous faire de la peine). Bruce a pavé la voie grâce à son style innovateur sans tabous qui critiquait à la fois la politique, la religion et d'autres institutions tout en y intégrant la satire, le sexe et la vulgarité. Pour avoir osé dire des mots comme *fuck* ou *shit* à la télé, il était systématiquement arrêté et mis en prison – oui, bien avant Dieudonné. En 2017, le magazine *Rolling Stone* hissait Bruce au 3e rang parmi 50 des meilleurs humoristes de tous les temps. Pis on gagerait que vous ne le connaissiez même pas…

« Je déteste les petites villes parce qu'une fois que vous avez vu le canon dans le parc, il n'y a rien d'autre à faire. »

– LENNY BRUCE

Un des disciples de Bruce fut George Carlin, qui a par la suite amené l'humour encore plus loin. Présentateur du tout premier *Saturday Night Live* en 1975, Carlin repoussait aussi les limites de la bienséance en tirant à bout portant sur la politique et les institutions américaines. À tel point que son monologue « *Seven Words You Can Never Say on Television* » a mené à un jugement de la Cour suprême des États-Unis sur la liberté d'expression en 1978 – oui, bien avant Mike Ward et le petit Jérémy…

« Avez-vous déjà remarqué que tous ceux qui sont contre l'avortement sont du genre avec qui on ne voudrait pas baiser ? »

– GEORGE CARLIN

Au Québec, Yvon Deschamps et Clémence DesRochers sont considérés dans le milieu comme les « parents » de l'humour sur scène (bon, OK, là on se rapproche de Pôpa pis Môman, mais trente ans avant, quand même). Avec la création de Juste pour rire et de l'École nationale de l'humour, l'essor de l'humour sur scène n'a jamais cessé, et son attrait ne se dément pas.

Ces dernières années, on pourrait affirmer que nous traversons un âge d'or de l'humour. En 2017, au Québec, une quarantaine de spectacles tournent dans la province, et une centaine de soirées d'humour sont offertes chaque semaine dans différents bars. Non, vous ne serez pas tout seul – oui, il y a encore moyen de vous tailler une place, car la nouveauté est toujours *winner.*

Donc, l'humour est en effervescence partout sur la planète (sauf peut-être en Corée du Nord, où les gens n'ont pas le droit de rire sous peine d'être fusillés à l'aube), mais il y a des différences majeures dans la façon de le présenter au public. Par exemple, le Québec peut se vanter d'avoir le plus grand festival d'humour au monde, et nos vedettes se produisent sur des scènes telles que le St-Denis à Montréal, le Grand Théâtre de Québec et bien d'autres encore. Le panorama est très différent au Canada anglais et aux États-Unis cependant, puisque les humoristes se retrouvent principalement dans les *Comedy Clubs.*

Alors qu'à Montréal nous avons – depuis peu – un endroit dédié uniquement à l'humour (Le Bordel Comédie Club, propriété des humoristes François Bellefeuille, Louis-José Houde, Martin Petit, Laurent Paquin, Mike Ward et Charles Deschamps), à Toronto, Mark Breslin a mis sur pied en 1976 toute une chaîne de *comedy clubs* appelés Yuk Yuk qui sont maintenant présents un peu partout au Canada, dans des endroits aussi obscurs que Abbotsford, Vaughan et Mississauga. (C'est où, ça, demanderez-vous ? Aucune idée, mais z'ont un Yuk Yuk eux-zautres, parzempe.)

« Jamais on n'a vu tant de gens si intéressés par la comédie, surtout à l'ère d'Internet et des médias sociaux. Plus qu'un intérêt passager du genre "hey, on devrait sortir et aller voir un spectacle d'humour", maintenant les gens suivent les humoristes, ils ont leurs idoles et leurs favoris. Ils savent aussi ce qu'ils veulent et ils savent ce qu'ils aiment en termes de comédie. »

– MARK BRESLIN, fondateur et propriétaire du Yuk Yuk

Aux États-Unis, il existe même plusieurs chaînes, dont le Comedy Store, The Improv, Coconut Club, etc. C'est donc une tradition pour le public américain et canadien-anglais que d'aller célébrer un anniversaire ou simplement se divertir au *comedy club*, où l'humour sévit sept soirs sur sept. Les comiques américains et canadiens-anglais se produisent dans ces clubs, et c'est chose rare que de les voir sur une grande scène – à moins qu'il s'agisse d'artistes du calibre de Jerry Seinfeld ou Louis C. K. qui peuvent se produire au Carnegie Hall à New York. À quand une chaîne de *comedy clubs* au Québec ?

Autre variation sur le même thème : en France, l'humour se retrouve dans les petits théâtres plutôt que dans des bars. Chaque soir, il y a une multitude de spectacles et de « scènes libres », leur appellation pour les *open mic* des anglophones (eh non, pour une fois, ils n'ont pas adopté le terme anglais – c'est rare, mais ça se peut).

Donc, voilà qui vous donne un petit topo des origines et des variations au fil du temps du monde de l'humour. Ça ne vous aidera probablement pas à en écrire, mais vous aurez l'air moins cave durant votre première entrevue dans votre nouveau métier d'humoriste. Ajoutez ça à votre dossier « culture personnelle » (on vous l'avait dit que c'était important, non ?)

Comment ?

Les éléments incontournables

On jase depuis tantôt, mais vous n'avez pas encore écrit votre première blague… Tenez-vous bien : c'est ici que ça commence !

Parlons d'abord, globalement, des éléments principaux qui sous-tendent la conception humoristique. Selon vous, lequel vient en premier sur la liste ? Eh oui, la surprise !

La surprise

« La vie est finie quand tu ne surprends plus personne. »

– COLUCHE

Tout l'humour repose sur la surprise, essentielle car elle provoque une réaction du public. C'est plate à dire comme ça, mais si on surprend pas le spectateur, il aura pas de réaction. Et comme le but premier de tout humoriste qui se respecte est de faire rire, vous devrez obligatoirement vous creuser le coco pour le dérouter.

Une blague est une cassure, une déviation dans le propos qui amène l'auditeur là où il ne s'y attend pas. Il faut le diriger ailleurs sans qu'il voie rien venir, pour pas vendre le punch.

Punch vendu = Blague qui tombe à plat

Comment peut-on surprendre en humour? Il y a plusieurs façons:

ALLER À L'ENCONTRE DE CE QUI EST ANTICIPÉ

« De nos jours, les femmes sont instruites. Prenez ma femme… Prenez-la ! » – Rodney Dangerfield

Dans cette blague, le public s'attend à ce que l'humoriste énumère tous les diplômes de son épouse, mais au contraire il s'écrie « Prenez-la ! » d'un ton désespéré, ce qui provoque une surprise et des rires.

OSER DIRE CE QUE PERSONNE N'OSERAIT DIRE (et on parle pas juste de ce bon vieux *fuck* ou d'autres mots d'église, ici.)

« Cette fille-là était horrible au lit, froide, aucune initiative, vraiment plate. Je me demande si elle était aussi pire vivante. » – Pat Bélisle

« "Bite", c'est un gros mot. Même quand c'est juste une petite bite. » – Coluche

Pas trop besoin d'analyse profonde pour ces blagues qui provoquent un « hon… ».

FAIRE PRENDRE CONSCIENCE AU SPECTATEUR QU'IL N'EST PAS SEUL À AGIR D'UNE CERTAINE MANIÈRE

« Quand j'mets du gaz dans mon char. Mettons que j'mets 30 $. J'tiens la gâchette, j'vois tourner les chiffres pis quand j'tombe juste, chus tellement content quand ça arrive ! Pis quand j'vais payer au commis pis j'y dis "Eille chus arrivé à 30 $ juste !" C'est un plaisir qui se partage pas. » – André Sauvé

En effet, lorsque le public se reconnaît, ça génère un rire. On peut bâtir tout un numéro sur certaines choses que tout le monde fait, mais dont personne ne se vante, comme fouiller dans l'armoire à pharmacie quand on visite quelqu'un pour la première fois, ne pas répondre au téléphone quand on sait que c'est notre mère qui appelle ou passer un jugement sur le contenu du panier d'épicerie des autres clients pendant qu'on attend à la caisse.

ORIGINALITÉ

Amener un sujet ou une vision personnelle et originale, c'est-à-dire qui vient de vous et qui ne ressemble à aucune autre.

> ***« Faire un truc que les autres ne font pas, c'est déjà passer pour un original. Au moins, on n'encourt pas la comparaison. »***
> – ROMAIN BOUTEILLE

Par exemple, l'univers absurde de Claude Meunier, ou l'humour déjanté des Denis Drolet, qui n'étaient comparables à rien auparavant, ou encore les citations « existentielles » de Pierre Légaré : « Aux États-Unis, dans les mariages, les personnes lancent du riz. En Chine, lancent-ils des hamburgers ? »

CRÉER UNE IMAGE

« Gino, ça vient avec du poil. Ingrid, ça vient avec des yeux bleus. Fernande, ça vient avec du sucre à la crème. » – Laurent Paquin

Comme on dit, une image vaut mille mots. Et le spectateur capte instantanément ce que vous voulez dire. La blague n'est pas une série de paroles, mais tient dans ce que ça évoque dans la tête des gens.

PAR LE TON

Le ton sert à souligner votre punch. En arrivant à la fin de votre blague, vous devez élever la voix d'un cran pour donner le signal au public que c'est le moment de rire. À l'époque de Ding et Dong, on était peu habitué à l'humour absurde de Claude Meunier et on ne savait pas trop quand il fallait rire. C'est pourquoi Meunier ajoutait « Est bonne, est bonne ! Est effrayante ! » pour donner le signal au public.

LA VÉRITÉ

La vérité établit un rapport personnel avec le public, qui doit sentir que votre numéro découle directement de votre vie privée, croire ce que vous dites et se reconnaître. Il faut que tout soit livré comme si c'était réellement arrivé.

De plus, si vous menez votre auditoire en bateau et que vous le ridiculisez, il aura l'impression de se faire avoir. Il se retirera émotivement de l'attrait que vous exerciez sur lui et cessera de rire de vos blagues. La ligne est mince entre l'ironie, le sarcasme et l'insulte. Vous devez rester vigilant afin de garder le public de votre bord.

L'ANGLE

> ***« Tout a été dit, mais pas par moi. »***
>
> – GILLES VIGNEAULT

L'humour, c'est un peu comme la mode. Ça fait un siècle que le pied de poule, le léopard et les rayures reviennent tour à tour au goût du jour, mais chaque fois avec une petite différence, une *twist* inédite. Même chose en humour : il faut sans cesse trouver un nouvel angle pour aborder des sujets dont tout le monde a déjà parlé. C'est votre façon particulière de voir une situation ou une personne qui est nouvelle. Pour ce faire, c'est utile de vous poser quelques questions :

- Quel point de vue sur le sujet voulez-vous mettre au premier plan ? (même si ce n'est pas vraiment votre opinion).
- Quel message voulez-vous faire passer ?
- Qu'est-ce que vous voulez dire sur le sujet ? Pouvez-vous le décomposer en détails distincts ?
- Qu'est-ce qui est drôle dans ce sujet ?

Prenons l'exemple passablement éculé des blagues sur la vie de couple. Imaginez maintenant que vous parlez d'un couple gai ou trans. Comment aborderiez-vous cet angle ? Quels détails seraient communs, et lesquels seraient différents, par rapport à un couple d'hétéros ? Seriez-vous capable d'y voir de l'humour sans tomber dans les clichés ?

Tout peut être comique – il faut juste travailler notre matériel pour le rendre comique. On peut rire de n'importe quoi, mais il faut le faire d'une manière juste, avec le bon monde et au moment opportun.

Voici quelques pistes pour trouver un nouvel angle :

- Offrir un reflet de la réalité auquel tous peuvent s'identifier, mais en y insérant une anecdote qui ne pourrait arriver qu'à vous (par exemple, Alexandre Barrette qui écrit à son protégé de Vision Mondiale : Extrait de Lettre à Ouandi « J'espère que tu vas bien, moi ça va pas fort, fort. La malchance s'acharne sur moi. Je crois que je vais être malade. Je suis allé manger au resto et j'ai beaucoup trop mangé. J'ai des ballonnements, j'ai le ventre tout gonflé. C'est fini pour moi les buffets à volonté. »)
- Relaxer la tension d'une situation difficile (imaginer un côté drôle à des funérailles) ;
- Tourner quelque chose de beau en négatif (« bitcher » que les mariés s'embrassent trop pendant une noce – ils devraient attendre d'être à la maison) ;
- Choquer, insulter, ou encore attaquer l'autorité (le patron, la police, le gouvernement) ;
- Inclure l'auditoire en lui posant des questions (comme le fait souvent Sylvain Larocque).

LA CLARTÉ

Pour être compris instantanément, il faut que ce soit clair. Contrairement à la philosophie ou à la littérature, l'humour doit provoquer un rire et non un moment d'arrêt pour y penser. La réflexion se fera peut-être plus tard, mais dans l'immédiat vous voulez que le public se bidonne. Si la formulation de la blague n'est pas claire, si l'image que l'on souhaite créer n'est pas nette, le gag ne fonctionnera pas. Les gens ne riront pas, trop occupés à se poser des questions pour chercher à comprendre, et manqueront le début de votre prochain gag. Si vous devez l'expliquer – « dans le sens de... », « la pognes-tu ?... » – c'est signe qu'elle a un gros besoin d'être retravaillée.

La clarté est nécessaire dans la formulation, mais également dans le propos, dans votre point de vue. Ce n'est pas le moment d'aller dans les nuances de gris. Une phrase boiteuse, un lien mal établi, un punch trop faible, et vous venez de perdre votre public.

LA CONCISION

> ***« La concision, c'est l'âme de l'esprit. »***
>
> – WILLIAM SHAKESPEARE

L'écriture humoristique est chirurgicale. La concision (et non pas la circoncision – ça, c'est une autre affaire, même si c'est chirurgical...) va de pair avec la clarté. Vos blagues doivent être énoncées avec une économie de mots. Chaque parole est importante, autant dans son sens que dans sa sonorité. On fait de l'humour, pas des romans ; ce n'est pas le moment de faire de longues phrases ou d'étaler son vocabulaire, à moins de vouloir imiter Mathieu Bock-Côté.

LE RÉFÉRENT

Le référent est le point d'ancrage de la blague (par exemple, l'échange récent d'un joueur de hockey, une nouvelle vedette de télé, les restaurants McDonald's). Il faut que ce soit connu – et reconnaissable – par tous. Tout le monde va comprendre un gag sur Donald Trump, mais très peu apprécieraient une blague semblable sur le président du Honduras, même si elle est excellente. La référence est à la fois pertinente en termes de proximité géographique (par exemple, dans le cadre d'une tournée en Abitibi) ou de temps (les blagues sur Michèle Richard sont absolument « passées date »).

Ayant réussi à établir tous ces éléments, bien entendu il faut maintenant y injecter de l'humour. Ce qui n'est pas une mince affaire, mais ça se travaille. Chaque gag doit être décortiqué et analysé pour juger de son importance.

Questions à vous poser pour évaluer l'efficacité comique

- Est-ce que ça vous fait rire ? Si vous-même n'en riez pas, il y a peu de chance que ça fasse rire votre auditoire.
- Est-ce surprenant ? Il faut un élément inattendu, autrement votre public ne sera pas impressionné, et encore moins amusé.
- Est-ce que le référent est bon pour les gens devant vous ? Évaluez la proximité générationnelle, géographique, temporelle.
- Est-ce que vous avez utilisé le minimum de mots ? Moins, c'est toujours mieux.
- Est-ce que c'est clair ? Si vous devez l'expliquer, vous venez de vous planter.
- Est-ce que la formulation est efficace ? Il faut le bon rythme, la bonne retenue, le bon moment pour livrer le punch.

Pour concevoir un gag – les éléments de transformation

Mais comment fait-on pour écrire des gags, au juste ? C'est ici que nous entrons dans le vif du sujet. Craignez rien, ça fera pas mal.

Sans qu'il y ait de formule magique, il existe en humour des procédés qui, même si leur origine s'est perdue depuis longtemps, se retrouvent dans la plupart des numéros – qu'ils soient sur scène, à la télé, au cinéma ou sur d'autres plateformes, aussi bien aux États-Unis qu'en Europe ou au Québec.

Alors voici les figures de style utilisées par les humoristes qui peuvent rendre drôles des choses qui ne le sont pas au départ. La connaissance de ces procédés est une arme puissante !

AVERTISSEMENT : À partir du moment où vous aurez compris la mécanique des gags, vous ne pourrez plus jamais assister à un spectacle d'humour sans reconnaître ces procédés. Une fois que vous les aurez appris, il ne sera pas possible de les désapprendre. La grande famille de l'humour vous accueille ici à bras ouverts. Pour le meilleur comme pour le pire. On vous aura averti.

LA COMPARAISON

Comparer deux aspects en exagérant le ou les points qu'ont en commun deux éléments.

C'est la mise en relation de deux réalités différentes qui partagent des similitudes (le mot « comme » est un bon indice).

Exemples :
« L'index, c'est le p'tit fatiguant, celui qui veut tout faire. C'est comme le Gregory Charles de la main. » – Louis-José Houde
« Les chatons, c'est comme les oignons ; tout le monde braille en les coupant. » – Sèxe Illégal

L'EXAGÉRATION

Exagérer un fait par l'accumulation ou par l'absurde.

Figure de style essentielle à l'ironie et à la caricature, l'exagération met en relief une idée ou une réalité à l'aide de propos démesurés (le mot « tellement » est un indice).

Exemples :
« Chez nous, on était tellement pauvres qu'on soufflait dans des sacs verts pour faire croire qu'on avait des vidanges ! » – Claudine Mercier
« Je savais que j'étais mauvaise cuisinière. Mais j'ai réalisé à quel point le jour où j'ai surpris le chien au téléphone en train de se commander de la pizza. » – Joan Rivers

LE RENVERSEMENT

Installer une situation qui laisse présager une fin logique, puis désarçonner le public avec un renversement inattendu.

Ce procédé crée la surprise en allant à l'encontre de ce qu'on aurait cru, et surtout sans aucun indice qui révélerait le punch. On peut entraîner le public sur une fausse piste pour qu'il anticipe une conclusion habituelle, puis le surprendre avec un retournement de situation.

Exemples :
« L'autre jour, j'ai vu un bum en train de frapper une vieille qui refusait de lui donner sa sacoche. J'ai couru l'aider pis à deux on l'a eue, la vieille maudite. » – Roméo Pérusse
« J'ai travaillé à SOS suicide… C'est pas facile d'expliquer un nœud coulant au téléphone. » – Peter MacLeod

L'ARROSEUR ARROSÉ

Abus d'un dominant sur un dominé qui se terminera par un retournement de situation et de rôles.

L'arroseur arrosé évoque un sentiment de vengeance, en transformant le bourreau en victime quand ses actes se retournent contre lui. Son origine nous vient des tout débuts du cinéma des frères Lumière, en 1895. Dans ce scénario, un jardinier arrose ses fleurs. Un gamin met le pied sur le tuyau d'arrosage. L'homme regarde le bec du tuyau, pensant qu'il est bouché. Le chenapan retire son pied, et le jardinier est aspergé. Il court ensuite après le jeune garçon, l'attrape et l'arrose à son tour. Pour ceux qui sont en train de penser « hein ? », on vous donne des exemples :

« Savez-vous pourquoi Dieu a fait la femme belle et niaiseuse ? Il l'a faite belle pour que l'homme l'aime et niaiseuse pour qu'elle aime l'homme ! » – Anonyme
« Un colosse dans un gym dit à un nouveau : "Moi, je peux lever 200 kilos, je fais 500 *push-up*... Toé ?" "Moi ? Je bande !" » – François Morency

LA RÈGLE DE TROIS

Trio d'éléments dont les deux premiers se suivent logiquement alors que le troisième brise totalement le fil.

Pour produire un effet comique, la séquence de la règle de trois doit être cassée en remplaçant le troisième point par quelque chose d'inattendu. Ce procédé est très utilisé en humour, justement pour la surprise qu'il provoque.

Exemples :
« Un BAC en littérature, c'est difficile. Il faut travailler sa connaissance de la littérature, sa culture générale et son ambiguïté sexuelle. » – Brian Piton
« Après autant de temps passé sur le bol, je sais quels sont les trois meilleurs produits pour s'essuyer. Cottonelle®, Charmin et *Le Journal de Montréal.* » – Simon Delisle

LE RIEUR AVEUGLE

Omettre volontairement de divulguer une information dans la prémisse et la révéler par la suite pour surprendre le rieur.

Ce procédé est très prisé par les comiques. Avec le rieur aveugle, c'est comme si on mettait la prémisse à la fin du gag. Le punch nous fait voir la blague d'une autre manière.

Exemples :
« Je suis un nouveau papa. Pis tant que ma blonde le sait pas, je suis correct ! » – Martin Matte
« Ma nouvelle voisine, maudit qu'a m'énarve. Elle ne fait que parler d'elle. Moi j'ai fait ci, moi j'suis comme ça, moi j'ai 4 ans… » – François Bellefeuille

LA TRANSPOSITION

Implanter un élément dans un environnement autre que celui auquel on l'associe habituellement.

Exemples :
« Mon ex est une gymnaste, elle se poudre toujours les mains avant de me gifler. » – Roman Frayssinet
« Mon oncle nourrit les lions au Parc Safari. Mettons que c'est assez raide quand tu vas souper chez lui et qu'il te « pitche » ton steak en pleine face. » – Lisa Talbot

Dans la même veine, au théâtre et au cinéma, on parle du *contre-emploi*, qui consiste à utiliser un personnage dans un rôle qui ne lui est pas typique. Par exemple, Lise Watier qui jouerait une itinérante ou Denis Coderre en moniteur de natation.

LA PERSONNIFICATION

Consiste à donner à un objet, à un animal ou à une idée des caractéristiques humaines.

La personnification crée des images originales et irrationnelles.

« Que pense ma perruche quand elle me voit lire le journal que je mets ensuite dans le fond de sa cage ? » – Pierre Légaré

« Mon grand-père a trois cochons : un qui pue, un qui pète pis un qui a une disco mobile dans Charlevoix. » – Les Denis Drolet (Une personnification jumelée à une règle de trois.)

LE PIED DE LA LETTRE

Prendre une expression ou un fait dans son sens le plus strict, au premier degré.

Le pied de la lettre ne fait aucune interprétation des propos tenus et ne cherche pas à creuser plus à fond. Ce procédé est très utilisé par les humoristes qui font dans l'absurde.

Exemples :
« Dans mon couple, y a encore de la magie. Chaque vendredi soir, mon chum disparaît. » – Claudine Mercier
« J'ai appris qu'il fallait cueillir les cerises avec la queue. C'était déjà assez difficile avec les mains ! » – Coluche

INCOMPATIBILITÉ LOGIQUE

Mettre ensemble des choses qu'on n'associe pas naturellement, mais tout en respectant une certaine logique.

La contradiction fait rire. En combinant deux éléments distincts, le cerveau détecte d'abord l'incompatibilité, puis, malgré la complexité, il réinterprète la situation.

« Y a tellement de sans-abri qu'on va être obligé de démolir un édifice pour leur faire de la place. » – Lévesque-Turcotte (Une incompatibilité logique jumelée à une exagération.)
« Pour garder un gars en prison au Québec, ça coûte 1 350 piastres par semaine. Si on veut sauver de l'argent, on devrait les envoyer dans un tout inclus à Cancún… Ils ont des semaines à 800 piastres. » – François Morency

LES JEUX DE MOTS

Manipulation des mots qui consiste à rendre la phrase possible dans deux sens, et crée une équivoque en mettant l'accent sur les ressemblances.

Le jeu de mots est à utiliser judicieusement, et seulement s'il est très fort.

Exemples :
« Quand on s'est connus, ma femme et moi, on était tellement timides tous les deux qu'on n'osait pas se regarder. Maintenant, on ne peut plus se voir. » – Raymond Devos
« Quand la reine Elizabeth tombe en pleine face, on peut dire qu'elle tombe pile. » – Ghislain Taschereau
« Quand le cœur d'un grand homme cesse de battre, on donne son nom à une artère. » – Pierre Daninos

LE CALEMBOUR

Jeu de mots fondé sur la différence entre des homonymes.

Le calembour (par exemple : personne alitée et personnalité) repose uniquement sur la similitude de leurs prononciations.

Exemples :
« Quand le curé disait : "Cela est juste et bon", moé je pensais qu'y disait : "Salade et jus ç'tait bon" » – Pierre Prince
« C'est qui le prêtre qui coûte le plus cher en Windex ? L'abbé Window ! » – Anonyme

LA MÉCHANCETÉ GRATUITE

Faire un gag sur une personnalité connue avec le seul but de la faire mal paraître.

Ce procédé a-t-il besoin d'explications ?

Exemples :
« L'avantage avec le Doc Mailloux, c'est qu'il sait toujours sur quel pied danser ! »[1]
« Combien est-ce qu'il y avait de chanteuses dans le groupe les Spice Girls ? Aucune ! » – François Morency

: :

Vous venez de voir ici les 13 principaux procédés de transformation (on espère que vous êtes pas superstitieux). Il y en a d'autres, qui sont en fait des variations de ces mécanismes et que vous pourrez utiliser selon vos besoins et votre inspiration. À tout le moins, avec ce chapitre, votre coffre à outils contient maintenant les éléments de base.

Alors voici un défi pour vous : composez deux gags avec chacun de ces procédés. Ça ne vous garantira pas votre premier contrat, mais comme on vous l'a déjà dit assez souvent, il faut bien commencer quelque part.

Vous ne vous sentez pas encore prêt ? Alors, continuez de lire, il y a plus !

---

1. On ne sait pas à qui l'attribuer – elle a été très souvent répétée.

D'ousse que ça sort?

Du choc des idées jaillit la lumière.

Nicolas Boileau
(1636-1711)

Méthode 1 – On commence-tu, qu'on en finisse?

Si vous caressez le rêve de faire de l'humour, on peut supposer que vous avez déjà quelques idées qui vous passent par la tête de temps à autre. Si vous prévoyez vous y adonner sérieusement, il existe plusieurs façons de générer encore plus de matériel. Ce matériel est partout, mais le meilleur se trouve sans même le chercher, dans votre quotidien.

Nous aimerions ici attirer votre attention sur ce qu'on pourrait appeler la méthode « On commence-tu, qu'on en finisse? » Le début et la fin. Début et fin de la journée, on s'entend. C'est souvent à ces deux moments de la journée que le cerveau est le plus disposé à recevoir l'inspiration. Avec un peu de conditionnement – autrement dit, si vous en faites une habitude –, vous apprendrez rapidement à canaliser votre créativité. Avec de la pratique, ça deviendra même une seconde nature.

L'anticipation

Vous vous levez le matin. Votre tête est encore vide de tout ce qui vous attend aujourd'hui, mais vous savez que la liste est longue.

Alors que vous commencez à y penser, apposez tout de suite une petite étiquette « POTENTIEL COMIQUE » à chaque item.

Par exemple, vous devrez passer à l'épicerie ? Prenez note de rester aux aguets pour observer les gens autour de vous – aussi bien les employés que les clients. Mine de rien, jetez un œil dans leur panier – les gens ont parfois de drôles d'habitudes alimentaires.

Votre plus jeune (ou votre petite sœur) a un spectacle de musique à l'école ? Avons-nous besoin de vous faire remarquer combien ça peut être source de gags ? Surtout s'il s'agit d'enfants du primaire.

Vous savez que vous serez coincé dans un bouchon de circulation à l'heure de pointe ? Ah ha ! Plutôt que de pester contre le flot d'automobiles qui n'avance pas, planifiez une session d'observation des gens autour de vous, juste pour voir comment ils se comportent. Ça peut souvent être intéressant…

Bref, tout en vaquant à vos occupations, *faites un effort* pour ne pas vous cantonner dans votre bulle. Votre radar d'humour doit être sur *ON* à tout instant. Quittez la maison en étant convaincu que tout peut arriver aujourd'hui. Et ça va arriver, soyez-en certain.

La rétrospection

Votre journée est finie et vous vous préparez à vous coucher. Vous avez brossé vos dents, sorti vos poubelles, enfilé votre pyjama. Avant de vous mettre au lit, prenez papier et stylo, installez-vous confortablement et repassez dans votre tête le fil de votre journée. Deux ou trois fois, s'il le faut. Essayez d'en extraire tout le potentiel de gag. Même si ça peut paraître faible au début, ne négligez aucune piste.

Si vous repensez à vos « anticipations » de ce matin, avez-vous effectivement capté quoi que ce soit qui puisse vous servir de matériel, ne serait-ce qu'une amorce ?

S'est-il passé quelque chose de spécial pendant le spectacle à l'école ? Un petit copain stressé qui a fait pipi dans ses culottes, peut-être ?

À l'épicerie, des clientes se sont battues pour la dernière dinde congelée à 85 cennes la livre ? Est-ce que ça saignait autant que le bœuf haché dans le comptoir tout près ?

Combien d'automobilistes bloqués à l'entrée du pont de la 20 se sont fouillé dans le nez en attendant que ça roule ? Vous avez été témoin d'échanges d'injures bien inventives ? En langue étrangère, peut-être ?

Et en supposant que rien de cela ne se soit produit, ça aurait très bien pu, non ? Pourriez-vous imaginer quelque chose à cet effet ?

Bref, notez tout ce qui peut sembler intéressant, et gardez précieusement toute bribe qui pourrait vous servir un jour. Même si ce n'est qu'une phrase ou une description qui vous a frappé. Il sera toujours temps d'y revenir plus tard.

> ***« Je note tout. Tout peut devenir une blague, donc (comme humoriste) on observe, on écoute. »***
>
> – MEHDI BOUSAIDAN

Méthode 2 – Tout part d'une tomate

Du moment que vous avez déjà quelques gags originaux, il y a plusieurs techniques conçues et éprouvées non seulement pour bâtir, mais aussi pour peaufiner votre numéro. Le Web et les bibliothèques regorgent d'ouvrages détaillant mille et une façons de stimuler votre créativité et votre inspiration.

Nous vous en offrons une ici, et non la moindre. Libre à vous de l'utiliser à votre guise, ou encore de partir par vous-mêmes à la recherche d'autres méthodes plus appropriées à vos besoins, le cas échéant.

À go, on se remue les méninges !

Tel que nous venons de le répéter au moins 30 fois, les idées peuvent surgir à un moment tout à fait inattendu. Ou, à l'autre extrême, ne pas se manifester du tout lorsqu'elles le devraient. Et il n'y a rien pour accélérer le processus – on ne peut pas tirer sur une fleur pour la faire pousser plus vite.

Quand ça devient nécessaire – par exemple, vous devez produire pour être payé, le loyer est dû, le *goon* de votre revendeur est en train de se stationner devant votre porte, bref ça presse – le remue-méninges, aussi appelé « tempête d'idées » ou *brainstorm*, se révèle un exercice indispensable.

Dans le meilleur des mondes, vous pourrez vous entourer de gens capables de vous lancer des concepts et de les développer au fil d'une conversation intense. C'est ce qui fait les scènes dramatiques de certains films, avec des personnages aux yeux cernés, la poubelle qui déborde de papiers chiffonnés et le mur couvert de gribouillis. Les idées fusent de partout, les pistes de réflexion se multiplient et on découvre l'idée du siècle.

Mais comment on fait quand on est seul avec son soi-même ? Et qu'on n'est pas dans une scène de cinéma, mais dans le sous-sol d'un bungalow de banlieue ?

C'est ici que nous aimerions nous référer à l'image d'une bonne vieille tomate. Parce que, croyez-le ou non, tout peut partir d'une tomate. Ou d'un morceau de fromage, d'un lampadaire, d'une chaloupe, etc.

Donc, à partir de n'importe quel objet ou idée centrale, inscrivez trois ou quatre idées en lien, peu importe la logique. Dans notre exemple, la tomate nous fait penser à « Été », « Lancer des tomates », « Rouge tomate » et « Sauce aux tomates » (image 1). Pas vraiment de quoi monter tout un stand-up, mais c'est un début.

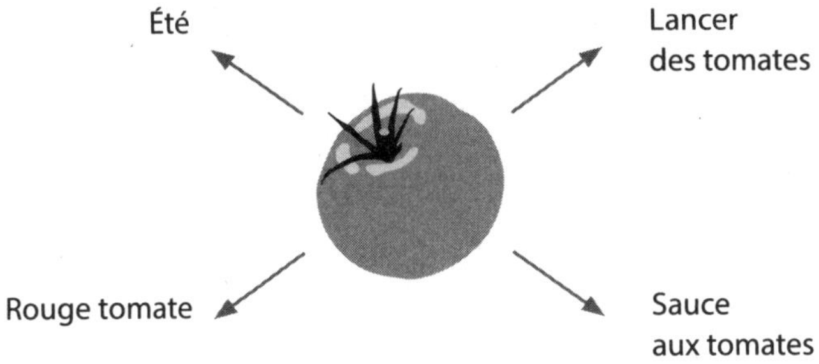

Image 1

En y songeant un peu plus, on développe ensuite des idées secondaires. On en retient deux ou trois pour chaque concept. Par exemple, « Rouge tomate » peut nous amener à « Coup de soleil » ou « Rouge pompier ». Pour sa part, « Été » nous amène à « Vacances », qui, lui, nous mène à « Ti-counes sur les plages » (image 2).

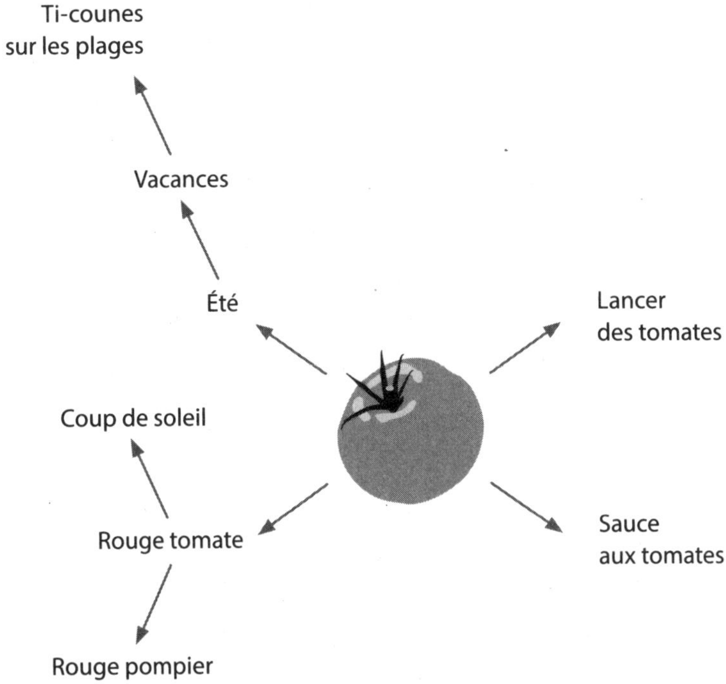

Image 2

Un peu mieux, mais toujours pas assez, surtout que les blagues de ti-counes sur les plages sont très fréquentes.

Si on pousse encore et qu'on relie le tout, on obtient au final « La fois où ma blonde a pogné un coup de soleil » (image 3). Voilà une amorce de gag. Et il pourrait y en avoir d'autres.

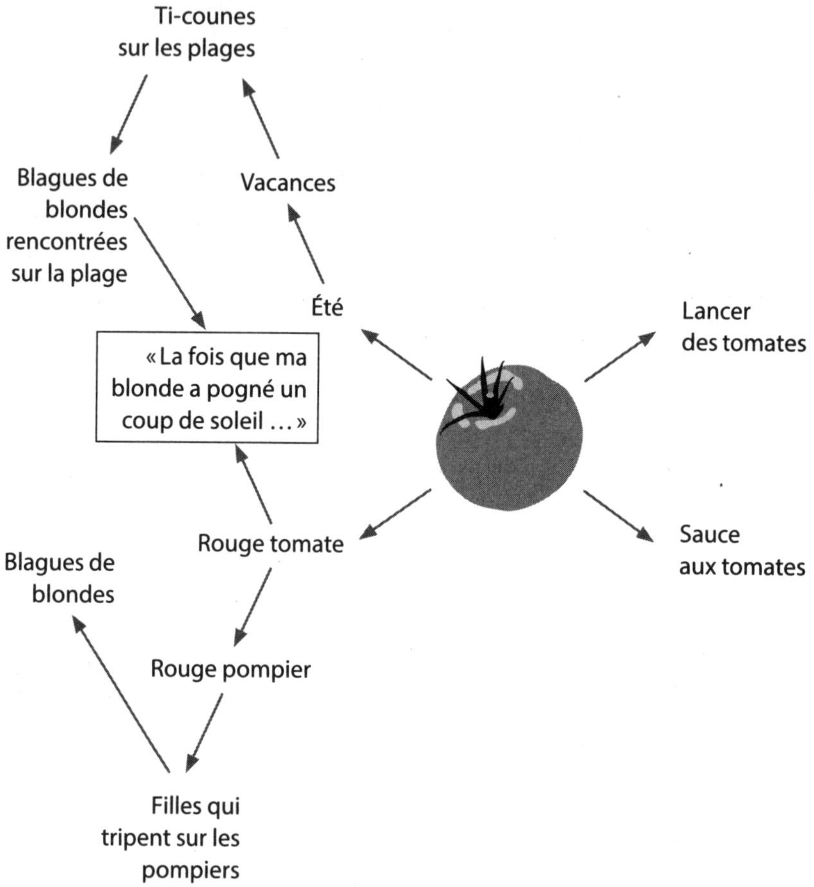

Image 3

En continuant cet exercice avec les autres mots générés à partir de la tomate, on obtient un tableau encore plus élaboré (image 4).

Comme on vous disait, même si vous ne vouliez pas vraiment le croire, tout peut partir d'une tomate.

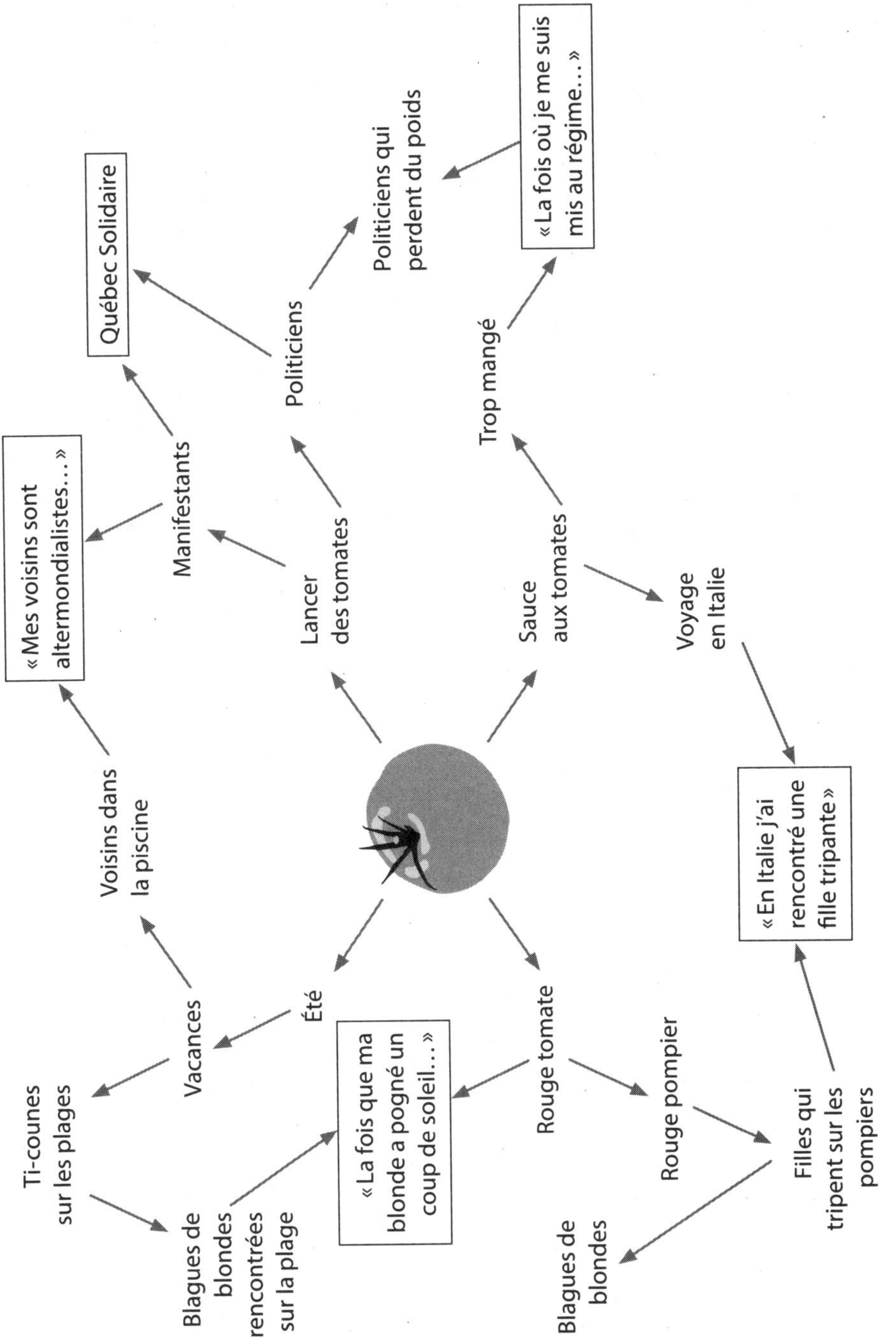
Lancer des tomates
Sauce aux tomates
Été
Rouge tomate
Manifestants
Politiciens
Trop mangé
Voyage en Italie
Vacances
Rouge pompier
« Mes voisins sont altermondialistes… »
Québec Solidaire
Politiciens qui perdent du poids
« La fois où je me suis mis au régime… »
« En Italie j'ai rencontré une fille tripante »
Voisins dans la piscine
Ti-counes sur les plages
Blagues de blondes rencontrées sur la plage
« La fois que ma blonde a pogné un coup de soleil… »
Filles qui tripent sur les pompiers
Blagues de blondes

Image 4

La preuve est ainsi faite ! À partir de la tomate, nous avons maintenant :

- « La fois où ma blonde a pogné un coup de soleil... »
- « Mes voisins sont altermondialistes »
- « La fois où je me suis mis au régime... »
- « En Italie j'ai rencontré une fille tripante... »
- « Québec Solidaire »

AVERTISSEMENT : les blagues sur Québec Solidaire sont un thème récurrent, peu importe le mot de départ. Oui, même à partir de « chaloupe ».

Maintenant, à vous de jouer. Choisissez un mot, n'importe lequel, et amusez-vous à faire des liens. Vous n'aurez besoin que d'une feuille de papier et d'un crayon. Si vous êtes à court d'inspiration pour commencer, ouvrez un bon vieux dictionnaire ou n'importe quel autre livre au hasard et prenez le premier mot que vous y verrez. Pas besoin de préciser que si vous tombez sur « tergiversation » ou « référence », vous avez le droit de changer pour un autre, mille fois plus inspirant. Mais on peut déjà gager que vous finirez avec Québec Solidaire quelque part sur votre tableau.

Méthode 3 – La réorganisation selon le principe SCAMPER

Vous avez généré vos idées, vous avez l'amorce d'un *show*, plusieurs lignes, plusieurs gags... Tout a l'air de vouloir s'enchaîner, mais il manque quelque chose ?

Une autre technique qui a fait ses preuves est la méthode SCAMPER (ou SCAMMPERR, selon la somme de travail que vous êtes prêt à y investir). Une simple recherche Google vous permettra d'en apprendre plus à ce sujet, mais voici un survol rapide de l'acronyme :

S **S**ubstituer
C **C**omparer
A **A**dapter
M **M**agnifier
M **M**odifier
P **P**roduire
E **É**liminer
R **R**éorganiser
R **R**enverser

À partir du texte que vous avez conçu et que vous voulez améliorer, repassez chaque segment au peigne fin pour ces rubriques. Ça va comme suit :

S – Substituer : mettre un élément à la place d'un autre.

Mon gag aurait-il plus d'impact si je plaçais l'action dans un endroit X plutôt que Y ? (P. ex. une nouvelle blonde qui demande à utiliser les toilettes – chez moi vs chez mes parents ?)

C – Combiner : fusionner deux concepts ou éléments.

Mon numéro tourne autour d'une belle-mère gossante ? Je pourrais doubler l'effet en y ajoutant aussi un beau-père gossant ! Deux pour le prix d'un !

A – Adapter : placer son concept dans un autre contexte.

Perdre ses lunettes quand on est adulte n'est pas aussi drôle que perdre ses lunettes quand on a six ans…

M – Magnifier : grandir, grossir, agrandir ou étendre ?

Se faire voler son passeport dans un pays étranger, c'est pas évident. Se faire voler tout le contenu de son sac à dos, on vous laisse l'imaginer…

M – Modifier : changer la forme, la signification, la couleur.

Ma blonde a jeté aux poubelles mon t-shirt préféré. Est-ce que ce serait pire si elle l'avait découpé pour en faire des guenilles qui resteront longtemps dans l'armoire sous l'évier et me rappelleront ce triste événement chaque fois que je les verrai ?

P – Produire ou trouver un autre usage.

J'ai monté un monologue sur mon déménagement d'enfer. Si je le transforme en sketch avec deux ou trois acolytes pour le rendre plus visuel, est-ce que ce serait encore meilleur ?

E – Éliminer ou épurer : qu'est-ce qui n'est pas nécessaire ?

Faut-il vraiment que je mentionne le sofa *laitte* dans le salon chez mes parents si personne ne s'assoit dessus ? Même s'il est TRÈS *laitte*, est-ce que ça ajoute à la puissance de mon numéro ou est-ce que ça le ralentit ?

R – Réorganiser

Tel que déjà expliqué, l'ordre des blagues peut faire toute la différence. Placez les plus fortes au début et à la fin pour un maximum d'impact.

R – Renverser (inverser) : inverser le négatif et le positif ou tromper les attentes ?

Durant mon voyage, j'ai rencontré une série de gens bizarres. Si je change l'ordre dans lequel je les présente, est-ce que ça fait une différence ?

Inutile de vous dire que vous n'avez pas à passer vos écrits à travers tous ces filtres, chaque fois, mais nous vous conseillons d'apprendre à les utiliser au maximum, surtout à vos débuts. La créativité est un muscle qui s'entraîne, et c'est à vous de concevoir votre propre programme de mise en forme cérébrale.

Maintenant, si vous venez d'entendre un vacarme de ferraille, c'est peut-être parce qu'on a tout juste « dompé » dans votre coffre un beau gros tas d'outils bien utiles. Mais ce fameux coffre est encore loin d'être plein…

On s'essaye-tu ?

Maintenant que vous avez quelques bons outils, c'est le temps de créer. Vous sentez soudain des sueurs froides vous assaillir la nuque ? Pas de panique, on peut encore vous tenir la main un moment.

Sauf qu'il va falloir vous lancer. Apprendre à écrire l'humour, c'est comme apprendre à nager : on aurait beau vous faire lire plein de livres et vous gaver de vidéos en boucle, tant que vous ne serez pas dans l'eau jusqu'au cou, vous ne saurez jamais comment.

Ce qui ne veut pas dire pour autant qu'il faut plonger tête première dans le bassin olympique. Pour « partir la machine » et vous permettre de tremper vos orteils, nous vous proposons ici quelques petits exercices qui peuvent avoir l'air de rien de prime abord, mais qui vous seront très utiles pour ces moments où vous aurez l'inspiration chancelante.

Exercice 1 – Changer des paroles de chanson

À la façon de *À la semaine prochaine*, prenez une chanson populaire et réécrivez-la à votre manière. Pas nécessaire de la refaire en entier, mais essayez au moins le refrain et un couplet. Pour vous inspirer, voici un exemple :

Le blues de l'infirmière (sur l'air de *Le monde est stone* de *Starmania*)

J'ai la vessie qui éclate
J'voudrais seulement partir
Doper tous mes patients
Et les laisser pourrir

Stone
Tout l'monde est stone
Sam'di soir à l'urgence
C'est jamais l'meilleur *shift*

J'sais pas si c'est l'café
Qui va v'nir qu'à manquer
Ou bien si c'est moi
Qui va tout faire sauter
Le système de santé

J'leur donne leur Ativan
J'm'en prends une en passant…

Et des suggestions, pour s'exercer:
On va s'aimer encore de Vincent Vallières
Je veux tout d'Ariane Moffatt
Ô Canada de Stephen Harper

Exercice 2 – Changer des acronymes

Il y a de nombreuses années, une des auteures a suivi au secondaire un cours intitulé Initiation aux Sciences Physiques – ou ISP, aussi connu sous le nom de « Initiation au Sommeil Profond » ou encore « Initiation aux Singeries du Prof ». Vous devez en connaître vous-même plusieurs de ces acronymes qu'on se plaît à pervertir. Alors on vous invite à en inventer d'autres. Donc, on vous refile ceci, arrangez-vous avec le reste :

CPE Cauchemar Pour Enfants
FBI Flic Branleur Inutile, ou Fausse Bonne Idée
FIAT *Fix It Again, Tony...*

Et on vous laisse continuer avec...

BMW
YMCA
HEC
PLQ...

Exercice 3 – Trouver trois nouvelles utilisations pour des objets sans rapport

Prenez un objet près de vous et inventez-lui trois nouvelles applications inusitées. Rien d'impossible. Aussi flyé que ça puisse être. Par exemple, un camembert peut remplir un nid de poule, tenir une porte ouverte ou servir de masque facial ; une vieille Barbie peut trôner sur un gâteau de fête, agacer le chat ou être utilisée en guise de pinceau.

Ça vous inspire ? Que feriez-vous avec le premier objet qui se trouve sur votre droite en ce moment ? Ou encore, que feriez-vous avec :

- une vieille plaque d'immatriculation ?
- une roue de tricycle ?
- le sac à main de votre grand-mère ?

Exercice 4 – Le proverbe modifié

Un classique. Si vous avez quelque part chez vous une bonne vieille édition du *Petit Larousse*, les pages roses au centre devraient vous fournir toute une liste de savoureux proverbes à modifier. Sinon rabattez-vous sur ce bon (mais moins vieux) Google.

Amusez-vous à changer la fin, à inverser les sons, à les réécrire en d'autres mots, bref, allez-y comme ça vous vient, tout comme :
« L'avenir appartient à ceux qui ont le veto » – Coluche
« Il ne faut pas vendre la peau de l'ours… surtout s'il n'est pas d'accord avec le prix… » – *Dans une galaxie près de chez vous*
« Plus il y a de fous, moins il y a de riz. » – Coluche

Et ainsi de suite…

Exercice 5 – Remplir le tableau d'idées

L'auteur américain Gene Perret (une référence en la matière !) a proposé la matrice suivante en guise d'exercice d'inspiration. À partir d'un thème, on remplit les cases et on relie ensuite les éléments pour en faire d'abord une phrase, qui devient une amorce de sketch, de monologue ou autre.

Par exemple, ici, choisissons le thème « tempête de neige ».

Personne	Lieu	Objet	Événement	Mot cliché
Policier	La rue	Souffleuse	Rester coincé	Sloche
Cols bleus	L'autoroute	Automobile	Panne d'électricité	Tempête du siècle
Météorologue	Le stationnement	Pelle	Appel au 911	MétéoMédia

Ensuite, on enfile les mots dans l'ordre ou le désordre, pour générer des idées drôles. Par exemple :

- Le policier est resté coincé dans la rue, la souffleuse est passée et l'a arrosé de sloche ;
- Le 911 a reçu un appel : un météorologue s'est fait battre à coups de pelle dans un stationnement public pour avoir osé annoncer la tempête du siècle.

Suggestion : dans la matrice, remplissez les cases sous les thèmes « grève étudiante », « poisson d'avril » et « le pape ».

Exercice 6 – L'écriture automatique

Cette technique préconisée par les surréalistes et remise au goût du jour par Julia Cameron (auteure du célèbre *The Artist's Way*, publié et republié depuis 1992 !) consiste à écrire le plus rapidement possible sans s'arrêter, sans lever le crayon, pour rapprocher la pensée du contenu. Écrire tout ce qui nous passe par la tête à mesure que l'on pense.

> Une fois c't'un gars… non, un cochon, oui, c'était un cochon… mais plus comme un cochon d'Inde, par contre. Pis il était habillé avec une robe rose. Demande-moi pas pourquoi quelqu'un l'avait habillé. Pour faire cute, ou pour insulter le cochon. Ou insulter sa blonde qui avait une robe pareille. *Anyway*, tout ça pour dire que le cochon d'Inde avait l'air fou, mais jamais autant que la fille quand elle portait la robe qui ressemblait à celle-là. Sauf qu'elle l'avait payée un prix de fou. Même en vente chez Winners. Moi, Winners, je vais jamais là. Je trouve rien…

Donc, laissez couler à mesure que les idées s'enchaînent. Après une page – fini, pas fini –, choisissez une phrase qui vous allume particulièrement. Non, pas besoin de savoir pourquoi. Mais lisez-la deux ou trois fois, quitte à la réécrire s'il le faut. Puis développez-la dans le but d'en faire un gag ou un thème pour un numéro. Pas nécessaire que ce soit bon. Le but principal est d'avoir accès à votre inconscient pour libérer votre folie et votre créativité. Et plus c'est fou, mieux ce sera.

Méthode de travail

C'est ici que nous allons commencer à vous faire vraiment peur : si vous voulez écrire, vous devrez vous asseoir et le faire **chaque jour**.

Parce que les athlètes s'entraînent chaque jour.

Parce que les musiciens répètent chaque jour.

Parce que tout artiste digne de ce nom, quel que soit son médium, s'adonne à son art chaque jour.

Oui, l'humour requiert de l'imagination et de la créativité, mais beaucoup de discipline. *Surtout* de la discipline.

> ***« La différence entre quelqu'un qui a du succès et quelqu'un qui n'en a pas, c'est tout le temps le travail. »***
>
> – MIKE WARD

Tel un rituel, l'écriture assidue augmente vos chances de réussite. Comme l'explique Steven Pressfield dans son *best-seller La guerre de l'art* (un autre à ajouter à votre liste de lectures obligatoires), l'inspiration ne vient pas toute seule ; vous devrez l'attirer. En fait, Pressfield compare l'inspiration à un passage secret dissimulé dans un mur de pierre : vous aurez beau fixer le mur pendant des heures et des heures, jamais vous ne le verrez, ce satané passage. Mais si vous vous mettez à appuyer sur chaque pierre, systématiquement, méthodiquement, furieusement, à un moment vous sentirez le déclic, et le passage secret s'ouvrira pour vous.

C'est poétique, mais ça veut dire quoi ? Que c'est en forgeant qu'on devient forgeron. C'est en écrivant qu'on devient écrivain. C'est en humorisant qu'on devient humoriste. Bon, celle-là on vient de l'inventer, et le verbe « humoriser » existe pas, mais vous comprenez le principe.

Surtout, si vous adoptez une routine, ça vous évitera de tomber dans les pièges tels que la procrastination, le doute, la peur d'être jugé, et si vous prenez l'habitude de coucher sur papier – ou sur écran – tout ce qui vous passe par la tête, ça vous coûtera moins cher de thérapeute à long terme, vous verrez.

Paradoxalement, l'humour demande aussi une bonne dose de préparation. Un humoriste professionnel ne peut dépendre uniquement de ce qui surgit dans sa cervelle au moment précis où il pose ses fesses sur son siège dans le but d'écrire. Ça prend ce petit quelque chose pour huiler la machine. Il peut suffire d'une seule idée, d'un seul concept, d'un seul mot, même, et après on laisse son esprit aller vers la spontanéité.

C'est ici que ce que vous avez colligé pendant l'exercice anticipation/rétrospection » du chapitre « D'ousse que ça sort ? » devient utile… Quoi ? Vous ne l'avez pas fait ? Reculez de deux sections ! Vous n'êtes pas mûr. Bon, OK, on vous pardonne. On aurait fait pareil, nous aussi.

Alors, comme autre point de départ, nous vous suggérons un grand thème universel : l'irritation. Car qui n'a pas de petits contretemps et de petites frustrations dans sa vie de tous les jours ? Et combien d'humoristes ont bâti leurs numéros justement sur ce qui les faisait sourciller ?

En prime, ça défoule !

Si vous vous sentez particulièrement zen, nous vous suggérons d'allumer la télé et de regarder les nouvelles pendant 10 à 12 minutes. Ça devrait être assez. Vous n'êtes pas télé ? Rabattez-vous sur Internet. Les réseaux sociaux regorgent d'imbécillités qui se multiplient de façon virale. En dernier recours, quelques téléromans bien insipides ou des messages publicitaires poches peuvent aussi vous inspirer. Les plus vieux d'entre vous se souviendront de *La Petite Vie* ou encore du *Cœur a ses raisons*. Plus près de nous, on pense aussi à *Like-moi*. Bref, en panne d'inspiration, vous n'avez qu'à allumer la télé ! Après tout, c'est ce qui fait les meilleurs sketches de *Saturday Night Live*. Et on ne parlera même pas de la politique américaine…

Bref, allez-y, foncez. Oui, il y a toute une marge entre « trouver une idée » et « construire un numéro », mais la marge se comblera assez rapidement si vous y mettez du cœur et du temps.

Une fois que vous aurez incorporé l'écriture à votre routine quotidienne, que vous aurez développé vos idées et élaboré vos blagues, viendra le temps de tout mettre ensemble et d'agencer les éléments pour concocter un numéro.

Au Québec, le public aime se faire raconter une histoire, donc un stand-up avec des liens est recommandé à vos débuts. Idéalement, vous intercalerez des sujets personnels avec des sujets universels. Vous pouvez écrire les liens entre chacun en concevant des blagues qui font le pont, comme une transition « ça va de soi », en quittant un thème pour en introduire un nouveau.

RAPPEL : Pour un numéro de stand-up, nous vous recommandons de cibler 5-6 sujets avec 5-6 blagues sur chacun des sujets. Pour le monologue, vous racontez une histoire en y incorporant de 25 à 35 gags.

Oui, mais on écrit quand ?

Écrire, c'est facile. À moins d'avoir grandi dans le fin fond de la jungle amazonienne ou sur une île déserte, on l'apprend tous à l'école, dès l'âge de six ans. Donc, écrire l'humour n'est qu'une variante. Et c'est toujours aussi simple : même pas nécessaire de posséder un ordinateur haut de gamme – vous n'aurez besoin que d'un stylo, d'une feuille de papier et d'un *six-pack* de gommes à effacer.

Est-ce que ça commence à vous tenter ? Oui ? Non ? Peut-être ? On va faire semblant que oui. Ça peut pas faire de tort.

Donc, supposons que la lecture de ces pages vous ait donné envie de bâtir un numéro que vous pourrez – espérons-le – présenter quelque part. Encore faut-il avoir quelque chose de concret. Et ça demande du temps, cette élaboration.

Vous nous direz : « Moi, j'ai les idées – les concepts, les gags… pis le linge est déjà acheté pour mon premier one man show –, mais j'ai pas le temps. » Et on vous dira, « Oui, vous l'avez, le temps ; c'est juste que vous le prenez pas. »

Grosse révélation qui va vous faire rouler les yeux : certaines personnes aiment écrire la nuit, d'autres le matin. Vous savez probablement déjà à quelle période de la journée vous êtes le plus productif. Et c'est à ce moment qu'il vous faudra *voler* du temps au temps : vous lever une heure plus tôt, reconsidérer vos heures de pauses ou de lunch pour y insérer une (brève, mais intense) session d'écriture, ou vous réserver un moment pour vous tout seul en soirée.

Vous pouvez même vous lancer le défi suivant : dès votre lever, pas question de manger tant que vous n'aurez pas pondu trois blagues. C'est drastique, mais ça risque de fonctionner. Surtout si, en revanche, vous pouvez prendre votre café en infusion intraveineuse.

> ***« Il faut que tu passes ton trois heures par jour à écrire des jokes qui marcheront probablement même pas, mais il faut que tu le fasses à chaque jour. Moi, c'est de neuf heures à midi. »***
>
> – LOUIS-JOSÉ HOUDE

Oui, mais on écrit où ?

Certains fonctionnent mieux dans le silence absolu, d'autres dans un bistrot rempli de musique et de monde qui jase. Les auteures de ce livre se sont même cloîtrées dans un monastère les fins de semaine pour écrire. Toutes les possibilités sont bienvenues pour construire votre matériel. Il n'y a pas de bonne ou de mauvaise méthode.

Autre solution si le temps vous manque, mais que vous devez vous taper un long trajet soir et matin à cause de votre boulot: essayez de vous enregistrer tandis que vous conduisez. Oui, c'est légal, pourvu que vous ne touchiez pas au dispositif *pendant* que vous êtes sur la route. Vous seriez surpris de la teneur des propos que vous tenez à vos passagers invisibles... sans même vous en rendre compte.

D'ailleurs, si vous avez de la difficulté à vous asseoir et à rester tranquille plus de trois ou quatre secondes d'affilée, voici un maudit bon truc: utilisez votre téléphone pour vous enregistrer. En promenant votre chien. En prenant votre douche. En faisant la file au Dairy Queen (mais alors évitez de passer des commentaires sur les commandes des autres clients – c'est un peu collant, un cellulaire avec un *banana split* furieusement effoiré dessus). De plus, si vous vous sentez à l'aise avec cette méthode et que vous avez l'intention de monter un numéro pour la scène, vous enregistrer permet d'écrire comme vous parlez, ce qui évitera un texte trop littéraire.

Oui, mais on écrit ça comment, un numéro ?

Maintenant que vous avez une idée, que vous êtes inspiré, c'est le temps de rassembler vos notes pour en faire un numéro. C'est fini le niaisage ! Un numéro « béton » est essentiel pour une carrière. C'est ce qui vous permettra de faire des soirées d'humour, des galas, de la télé, *sky is the limit !* Tout commence par un numéro, et ça n'arrête jamais, parce qu'il faut toujours en écrire un nouveau. Qu'on soit un débutant ou une vedette, c'est ça le métier d'auteur et d'humoriste.

On l'a déjà dit – au risque de nous répéter –, tout peut servir de matériel. Une question qu'on oublie souvent de se poser, même si ça peut avoir l'air idiot, c'est:

- Qu'est-ce que je veux dire ?
- De quoi ai-je envie de parler ?
- Est-ce que je peux résumer mon thème en quatre ou cinq mots à peine ?

Pour vous aider, réfléchissez au titre que vous mettriez, en quelques mots-clés, si vous vouliez télécharger votre numéro sur YouTube...

On vous donne des exemples qui vous amèneront tout de suite à l'esprit le numéro dont on parle.

- Dominic Paquet – En visite au IKEA, faut suivre les flèches
- Oncle Georges – On ouvre son courrier des fans
- François Bellefeuille – Un faucon pour combattre la dépression

Si vous recevez une commande, le problème se règle de lui-même puisque le sujet vous est imposé. Certains peuvent y voir une contrainte, mais, bien au contraire, la contrainte est excellente en création humoristique. La ligne est claire, et les balises le sont aussi. Vous devez simplement vous creuser les méninges davantage pour rester dans les paramètres.

Mais lorsqu'on écrit pour soi, on doit vraiment faire une recherche sur le sujet qui nous interpelle. Faire du stand-up, ce n'est pas seulement faire des blagues, mais bien s'exprimer sur ce qui nous touche. Comme on essaie de plaire, on tend à faire des compromis pour être populaire. Sauf qu'avant tout, il faut avoir le courage d'aller au fond de soi et de dénicher ce qui nous intéresse ou, paradoxalement, ce qui nous dérange. Ce qui nous irrite comme ce qui nous passionne. Ce qui nous horripile autant que ce qui nous fait rêver. Ce qui est invivable ou, à l'opposé, ce qu'on trouve merveilleux. C'est en soi qu'on déniche les vrais sujets. C'est à ce moment-là qu'on se connecte avec la nature humaine et que le public se reconnaît.

Le tout bien organisé, en respectant le langage de l'humour, avec des prémisses et des punchs.

À ce moment-ci, de deux choses l'une : soit vous saisissez très bien ce qu'on vous dit et vous avez même une très bonne idée de comment vous allez procéder, soit vous êtes totalement dépassé et vous avez comme le goût de brailler… mais donnez-nous encore quelques minutes de votre temps.

Exercice 7 – Partances à compléter

(On aurait pu mettre ceci à la suite des autres exercices au début du chapitre, ça aurait été logique, mais avouez que ça « fitte » mieux ici et que ça vous évite de retourner en arrière pour rien).

Trouvez trois façons différentes de compléter chacune des phrases ci-dessous :

1. Ça me dérange quand…
2. Je déteste… parce que/quand…
3. Ma mère est si distraite (ou paresseuse, zélée, menteuse) que…
4. Elle est vraiment distraite, même que…
5. Je dis pas qu'elle est maboule, mais…
6. Juste un exemple de comment elle… L'autre jour, elle…

Vous en avez trouvé au moins trois ? Bravo ! Maintenant, imaginez vos propres débuts de phrases et complétez-les vous-même. Eh oui, on monte la barre un peu plus haut – c'est en s'entraînant qu'on devient pro !

Oui, mais on fait équipe avec qui ?

Comme disait le défunt père d'une des auteures, « on trouve plus de tête fromagée dans deux têtes de cochon ». Écrire est un métier bien solitaire, mais il peut aussi se faire en équipe. Mais alors, avec qui ?

Idéalement, on collabore avec des gens qui nous font rire et avec qui on s'entend bien (*no shit, Sherlock !*). Malheureusement, il n'y a pas de site de rencontre pour ce type de relations. Pas de Tinder ni de Réseau contact pour humoristes. Si on est chanceux, on trouve ces compagnons de route dans notre entourage immédiat (ami, cousin, voisine, collègue, etc.).

> ***« J'étais pas très bon au départ, mais à force de me tenir avec mes meilleurs amis qui torchaient (Kate Levac, David Beaucage, Sam Breton, Mehdi) ça m'a aidé à améliorer ma game. On s'est entraidé. »***
>
> – JAY DU TEMPLE

Autrement, il faut faire confiance au bon vieux dicton « qui se ressemble s'assemble » et sortir un peu dans des endroits où l'humour se tient. On pense ici aux ligues d'impro, aux cégeps, à l'École nationale de l'humour où se donnent des cours récréatifs, aux soirées d'humour en salle ou en club.

L'importance d'un bon réseau ne doit jamais être sous-estimée. Personne ne viendra sonner à votre porte pour vous offrir une collaboration ou un contrat pour une série Web si vous ne faites pas d'abord les premiers pas.

Lorsque vous aurez une quantité considérable de matériel, vous pourrez également songer à trouver un auteur ou un humoriste professionnel qui fait du *coaching*. Mais juste une fois que vous aurez du matériel. Ce qui veut dire commencer par l'écrire.

Oui, mais on teste ça comment, des blagues ?

Au strict minimum, une bonne façon de tester nos gags est de les glisser à l'intérieur d'une conversation et d'observer la réaction des gens. Croyez-le ou non, plusieurs humoristes utilisent cette méthode. Pas nécessaire de préciser que si ça tombe à plat, le besoin de réorienter le gag s'impose. À l'opposé, ne vous attendez pas à ce que votre interlocuteur s'affale au sol, terrassé par une crise d'hilarité terminale. La réalité se trouve probablement entre les deux. Mais il faut commencer quelque part.

Une fois que c'est fait et que vous tenez assez de matériel pour monter un numéro vient le temps de vous réserver une date pour participer à un spectacle. Oui, comme vous mettre un fusil sur la tempe. Moyen infaillible de vous empêcher de reporter votre écriture à plus tard. C'est sûr qu'il y aura un moment où vous voudrez vous dire « Kessé qui m'a pris ? Ça n'a aucun bon sens ! Pourquoi je fais ça ? » Et on peut prédire que vous allez vous répéter ces phrases une bonne douzaine de fois.

Mais n'avez-vous pas déjà assez attendu ? Il n'y a pas si longtemps (genre, huit ou dix pages), on vous avait averti que vous devriez éventuellement vous jeter à l'eau.

Soyez rassuré : elle n'est pas trop froide.

> ***« Il n'y a aucun* feeling *qui peut égaler celui de monter sur scène et de se donner en prestation. C'est toujours un peu stressant, mais c'est un bon stress. C'est comme sauter en parachute en sachant que tu vas atterrir dans une piscine pleine de Bailey's. C'est stressant, mais tu sais que ça va être le fun. »***
>
> – MEHDI BOUSAIDAN

Où ?

Si ce livre traite principalement de l'humour sur scène, c'est pas interdit de multiplier vos talents et d'apprêter vos écrits à toutes les sauces. Même qu'on vous le recommande. Le pire qui puisse vous arriver, c'est de découvrir que – wow ! vous auriez jamais pensé à ça –, vous vous faites des tas de nouveaux amis, et la gloire et la fortune vous frappent en pleine face sans préavis. Riez pas, ça se pourrait.

Le tableau suivant donne un résumé des différents marchés et débouchés. Il n'est pas complet (on n'est pas parfaites), mais il peut vous encourager à papillonner et à découvrir de nouvelles façons de faire de l'humour.

Scène	**Télé/Radio**	**Web**	**Imprimés**	**Cinéma**
Impromptu Clubs/bars Festivals Ligues d'impro Théâtre Soirées corporatives	Séries *Talk show* Capsules Sitcom	Réseaux sociaux Blogues Sites satiriques Séries Web	Chroniques Caricatures BD	Scénario
	Commerciaux			

La scène

On vous comprend : vous avez déjà hâte au jour où vous partirez en tournée pour votre premier one man show ou encore – à vous la gloire et le succès ! – au fameux soir où vous animerez votre propre gala à Juste pour rire ou ComediHa.

En ce moment, ces deux possibilités peuvent faire rigoler les gens autour de vous. « Toi, humoriste ? Ben oui, mon champion, ben oui… » (Cette citation est particulièrement efficace si vous la répétez d'un ton sarcastique avec la voix de votre tortionnaire préféré – comme votre patron qui cherche toujours les bébittes dans tout ce que vous faites, ou votre grand frère jaloux au max depuis le jour de votre naissance.)

Mais, oui, ça peut arriver. Si vous travaillez en ce sens. La preuve : c'est arrivé à d'autres. Alors pourquoi pas vous, justement ?

Sauf que, bien avant d'atteindre ce sommet, vous aurez plusieurs petites pentes à gravir. En guise de tremplin, vous pouvez commencer par tester votre matériel de multiples façons.

Les occasions impromptues

Prendre le micro pour porter un toast lors d'un anniversaire ou d'un mariage, offrir une petite prestation durant une épluchette de blé d'Inde, rendre hommage à un collègue qui part à la retraite ou même faire un dernier *speech* pendant les funérailles de ce vieil oncle qui aimait tant rire… Les occasions de tester votre matériel sont nombreuses.

Peu importe les circonstances, si vous entendez la phrase magique « Est-ce que quelqu'un voudrait dire un petit mot ? », c'est un signal à ne pas manquer. Surtout si vous aviez déjà quelques idées en tête. (Et avouez que, juste en lisant ceci, plein d'images surgissent dans votre cervelle, n'est-ce pas ?)

Sans compter que ces situations présentent deux avantages majeurs :

- votre public vous connaît déjà et devrait (en principe) vous trouver merveilleux ;
- puisque ça tourne autour d'un événement précis, ça vous fait une base sur laquelle construire vos blagues.

Après vous être produit, même une seule fois, il se pourrait que vous attrapiez la piqûre et développiez une soudaine envie de pousser plus loin. Oui, une folie peut s'emparer de vous et vous forcer à faire ce que vous n'aviez jamais osé faire avant : un numéro sur une scène devant de purs étrangers, dans un endroit spécialement prévu à cet effet…

Les clubs et les bars

Contrairement aux États-Unis où les *comedy clubs* sont nombreux, le Québec tarde à surfer sur cette vague. À Montréal, seul Le Bordel a pignon sur rue et se consacre exclusivement à l'humour francophone. Les anglophones nous battent à plate couture avec leurs Comedy Nest, Comedyworks, etc. (Pour ceux d'entre vous qui se sentent d'attaque et prêt à tenter le coup dans la langue de Shakespeare – ce fameux humoriste d'une autre époque ! –, la liste de ces *comedy clubs* est disponible à la fin du livre).

Par contre, plusieurs bars offrent des soirées consacrées à l'humour, que ce soit sur une base régulière ou occasionnelle. Entre autres, l'Abreuvoir, le Jockey et le Brouhaha à Montréal, le Mardi Gras à Gatineau, le Marshall à Sainte-Foy, etc. Une simple recherche sur Google ou sur Facebook vous permettra de les découvrir. Voir la liste page 221.

La plupart de ces endroits offrent de participer à des soirées qu'on appelle « open mic », « open mike », « micro ouvert », « scène libre », ou autre libellé inventif qui veut dire la même affaire : c'est ouvert à tout individu assez fou pour le faire.

On doit vous le dire tout de suite : ce sera un baptême par le feu. Pas nécessairement une situation de « ça passe ou ça casse », mais plutôt une occasion de prendre le pouls de votre auditoire et de tester votre matériel. Devant des gens qui ne se gêneront pas pour vous exprimer franchement leur admiration ou leur mépris. À vous d'en tirer leçon et de vous en servir pour vous améliorer.

Il faut apprendre à marcher avant de pouvoir courir. Et pendant qu'on apprend à marcher, il faut s'attendre à tomber. Plusieurs fois. L'important, c'est de se relever et de recommencer. Même un bébé de 14 mois sait ça. Et avouez que vous êtes quand même pas mal plus fin qu'un bébé de 14 mois.

« Mieux vaut réaliser son souhait que souhaiter l'avoir fait. »
– WOODY ALLEN

Notre meilleur conseil, c'est de vous assurer d'enregistrer votre performance. Vous risquez d'être tellement nerveux que vous ne remarquerez même pas si les gens ont ri ni de quoi. Par la suite, analysez, retravaillez, remaniez et… recommencez ailleurs.

Autre possibilité : si vous êtes pas mal chum avec le proprio ou le gérant du bar au coin de chez vous ou dans le cœur de votre village, pourquoi ne pas vous proposer vous-même comme tête d'affiche et monter une soirée d'humour là où il n'y en a pas ? C'est sûr que ça exige une bonne dose de témérité, mais ça coûte rien de demander. Au pire, vous risquez de vous péter la gueule solide et vous serez obligé de déménager, ou alors vous deviendrez la vedette instantanée de la place. La réalité se trouve probablement quelque part entre les deux.

Avec du temps, de la patience et énormément de travail, le jour viendra où vous serez *invité* à participer à une soirée. Croyez-le ou non, c'est ce qui s'est passé avec la plupart des humoristes de renom. Tous les professionnels ont commencé en amateurs. Ce qu'il est important de retenir, c'est qu'ils ont *commencé*. Donc, cessez d'y penser et faites-le !

Les festivals

À force de roder vos numéros dans les bars et de les peaufiner, le moment viendra où vous pourrez aspirer à gravir les échelons. Ce qui veut dire : participer à un festival.

C'est ici qu'on entre dans les ligues majeures, et ne se produit pas qui veut. Il y a beaucoup d'appelés, mais peu d'élus. Tout passe par les démos, les auditions, les agents, etc. Pas de panique ; on vous jure que c'est faisable. On vous entend déjà dire « Arghhhh… une audition… » Alors on va tout de suite remettre les pendules à l'heure : aussi bien en prendre l'habitude dans les délais les plus *speed*, parce que c'est impossible de faire autrement dans ce métier.

> ***« Pour un humoriste émergent, les galas sont une façon de se faire voir au monde. Une façon de dire haut et fort que nous existons. On passe une audition devant un public "normal", mais au fond de la salle il y a des caméras et des observateurs qui voient la réaction de la foule pour déterminer si vos jokes sont assez puissantes pour faire rire 2000-3000 personnes. »***
>
> – SIMON DELISLE

Soyez donc aux aguets pour voir passer les appels de projets. Inscrivez-vous à *En route vers mon premier gala* ou envoyez un projet au ZooFest à l'automne. Tenez-vous au courant de certains festivals alternatifs comme Dr Mobilo Aquafest. Une fois que vous serez établi, auditionnez pour le festival Juste pour rire et ComediHa ! Vous voyez, toutes les opportunités sont là !

Certains concours peuvent aussi contribuer à vous faire connaître (Le Tremplin de Dégelis, Concours de la Relève de l'humour en Abitibi). Prenez note que certaines organisations demandent des frais d'inscription, un autre incontournable. Nous en reparlerons dans le chapitre « Combien ? »

Les ligues d'impro

Plusieurs humoristes passent d'abord par l'impro, en commençant souvent dès le secondaire ou encore le cégep. Beaucoup continuent même de faire partie de ligues tandis qu'ils découvrent l'écriture humoristique et la création de numéros.

L'impro apporte de nombreux bénéfices :

- apprendre à se produire devant un public ;
- entraîner vos neurones à penser et à réagir vite ;
- développer votre « moi humoristique » ;
- vous servir des improvisations intéressantes comme amorces pour des numéros futurs ;
- entretenir un réseau d'amis et de connaissances dans le milieu de l'humour.

Le milieu de l'impro est très vivant au Québec, et ce, à plusieurs niveaux. Référez-vous à la section « Liste de ressources » pour en savoir plus.

> ***« J'ai réalisé que j'écrivais mieux en improvisant. Autrement, j'ai pas la structure pour m'écrire des gags. Souvent, c'est la vulgarité qui arrive en premier, mais selon moi, y a rien qui sort de plus drôle que quand t'es dans' marde. C'est sur cette adrénaline-là que mes comparaisons*** **fucked up** ***pis mes idées les plus folles arrivent. »***
>
> – JULIEN LACROIX

Le théâtre

Si le format tombe dans vos cordes, l'écriture de pièces de théâtre est une avenue intéressante à exploiter. Au Québec, la comédie occupe une grande place, avec des classiques comme *Broue* ou *Le dîner de cons*. Ce serait un peu long – et loin de notre but – de vous expliquer ici comment on écrit une pièce de théâtre, mais à tout le moins on vous donne ici les bases pour y injecter l'aspect comique : comment définir vos personnages, où et comment insérer des gags, etc.

Le principal avantage de ce format est qu'il se trouve toujours des compagnies théâtrales (groupes d'étudiants, troupes locales, etc.) à la recherche de nouveau matériel, et que les sujets légers sont populaires. On n'a qu'à penser ici à l'attrait indémodable du théâtre d'été. Dans le pire des cas, libre à vous de convaincre vos amis les plus fidèles et de monter ladite pièce vous-même pour la présenter dans un parc près de chez vous ou au camping de votre localité par un beau soir d'été. Même si vous ne connaissez pas un succès monstre dès votre première représentation, ça vous permettra au moins de constater qui sont vos vrais amis…

Les soirées corporatives

Une fois que vous serez établi (ou que vous aurez de très bons contacts), vous pourrez vous afficher comme étant disponible pour des soirées corporatives. Dans ce genre de situation, vous agirez comme « animateur qui fait des *jokes* », le plus souvent en marge d'un souper, dans le cadre de colloques ou de rencontres annuelles d'associations diverses. Le degré et le format d'humour seront déterminés sur commande – c'est-à-dire que les organisateurs de la soirée vous indiqueront exactement ce qu'ils attendent de vous quant au contenu, au niveau de langage et de blagues, aux parties plus sérieuses (comme les remises de prix ou autres annonces), etc.

Ces soirées peuvent être payantes, mais éprouvantes, surtout parce que les gens dans la salle veulent souvent jaser entre eux, ou encore s'attendent à être divertis par un humoriste hors pair. Les soupers-galas de colloques sont particulièrement difficiles si les participants ont eu leur quota de conférences durant la journée et ont à ce moment quatre envies très primaires : boire, manger, savoir s'ils ont gagné quelque chose et sacrer leur camp.

Sans compter qu'il peut y avoir l'ajout de discours des présidents et d'autres personnages qui se croient importants, donc susceptibles de briser votre rythme. Par contre, du moment que vous commencez à être connu et en demande, ce genre de contrat peut devenir payant, surtout si vous savez bien doser le mélange animation/stand-up.

La télé et la radio

Pour la télé et la radio, l'humour peut se décliner de diverses façons : fiction ou variétés, émissions ou capsules. Voici un aperçu des particularités.

Les sitcoms et les séries

La Petite Vie, Catherine, 450, chemin du Golf, vous les connaissez déjà. Construites selon les mêmes principes que les *sitcoms* américaines qui, pour leur part, étaient filmées en studio devant public. Il s'agit de fictions de 30 minutes, scénarisées expressément pour faire rire. On y ajoutait souvent du rire en canne, au cas où… Maintenant, les séries sont tournées principalement en locations extérieures, comme *Les beaux malaises, Les pêcheurs, Lâcher prise*… Donc, pour en écrire une, on ne vous cachera pas que la lecture de ce livre ne sera pas suffisante. Heureusement, il existe plein de cours pour apprendre à scénariser pour la télé.

La structure d'un épisode est en général la même : 3 blocs d'environ 7 minutes pour une émission d'une demi-heure, ou 4-5 blocs de 8-11 minutes pour une émission d'une heure. Puis, il y a les considérations de décors, de développement des personnages, de l'intrigue, etc.

Oui, ça prend absolument un cours, mais une fois que vous aurez maîtrisé tout ça, il vous restera simplement à ajouter l'humour (mettons). Pas plus compliqué que ça (genre).

Selon les limites de votre imagination, votre série peut être forte en dialogues (*La Petite Vie*), en situations (*Un gars, une fille*) ou encore essentiellement visuelle (*LOL, les gags JPR, Et si ?*). Certaines émissions sont aussi basées sur des faits divers ou l'actualité, comme *Infoman*, *Bye Bye* et, à la radio, *À la semaine prochaine, La soirée est encore jeune.*

Les talk-shows

Contrairement aux États-Unis, où plusieurs émissions de fin de soirée reçoivent sur leur plateau les humoristes de l'heure ou de la relève (*Late Show, Tonight Show, Jimmy Kimmel*, etc.), la scène québécoise est plutôt pauvre de ce côté.

Seules quelques émissions (*En mode Salvail, Pénélope McQuade, La soirée est encore jeune, Le Beau Dimanche)* pourraient se comparer, mais à peine. Tout ça en raison de la petitesse de notre marché, des coûts élevés de ce genre de production et du manque de demande populaire. On est loin de l'époque des *Couche-tard, Ad Lib* et, plus près de nous, *Merci, bonsoir.* Mais c'est permis d'espérer que les talk-shows reprendront un jour la place qui leur est due. (Message spécial à Jean-Philippe Wauthier : GO !)

Notons que lorsqu'un humoriste est invité à une émission de variétés (*Tout le monde en parle, Ça finit bien la semaine*), on s'attend à ce qu'il soit drôle. Même s'il n'est pas question de faire une performance, il faut quand même que son « moi humoristique » soit à *ON*. Malgré la grosse grippe qui lui occasionne un 40 de fièvre et une migraine à tout casser. C'est la rançon de la gloire.

Les capsules

Le format capsule existe presque exclusivement à la radio (*Les deux minutes du peuple, Les Grandes Gueules*). La conception et la production de ce format sont particulièrement difficiles, puisque la livraison est entièrement verbale. On ne pourra pas détecter votre sarcasme, qui sur scène serait accompagné d'une mimique, et les silences prolongés et autres effets pour appuyer vos blagues ne sont pas possibles. De plus, les capsules demandent souvent des changements de voix, des imitations ou d'autres bruitages qui requièrent un bon talent.

Le Web

La télévision est en transformation, et les habitudes d'écoute des milléniaux se sont déplacées vers l'ordinateur où le Web est roi et maître. Une série comme *Like-moi* a été conçue autant pour la télé que pour le Web. Cette dualité peut être éphémère tout comme elle peut devenir la norme. Rien n'est gravé dans la pierre, et encore moins sur un iPad.

Bien entendu, l'humour est omniprésent sur le Web. C'est devenu un *must* pour les humoristes qui cherchent à se faire connaître. Même que plusieurs commencent par se produire en ligne (Rosalie Vaillancourt, Émilie Ouellette, Guylaine Guay). Nous pouvons vous offrir un bref survol, mais comme c'est un domaine où les choses progressent à la vitesse de l'éclair, il y a fort à parier que, le temps de publier ce livre, d'autres innovations auront fait leur apparition… Dites-vous simplement que c'est primordial pour un humoriste d'établir un *fan base* qui le suivra en ligne.

Les webséries et les *podcasts*

Toutes les semaines, il semble y avoir de nouvelles séries Web. Pensons à *Fiston, Switch and Bitch, 7 $ par jour.* La durée des épisodes est plutôt courte, de 5 à 15 minutes.

Pour les *podcasts*, la durée est plus variée (de quelques minutes pour le *Vlog de Camille* d'Émilie Ouellette à plus d'une heure pour le *Sous écoute* de Mike Ward). Le *podcast* de Mike Ward est le plus connu et le plus « prolifique », mais depuis, plusieurs humoristes en ont créés d'autres. Les webséries, les capsules et les *podcasts* ont l'avantage d'être faciles à partager en un seul clic et sont une bonne façon de vous faire connaître.

Les réseaux sociaux

La particularité marquante de l'humour sur Facebook ou Twitter est qu'il doit être bref et punché. Une seule image (un *meme*), un petit commentaire bien placé, ou encore une blague formulée en moins de 140 caractères efficaces peuvent vous permettre d'atteindre des sommets de popularité en devenant rapidement viral. Le partage est facile et exponentiel ; c'est la beauté des réseaux sociaux.

> ***« Quand le monde se demande à quoi ça sert, les "médias sociaux", sans être une vedette... Jay Du Temple a rempli ses salles. Jay est un des premiers à savoir les utiliser. Il a prouvé le côté* business. *C'est un modèle à suivre. »***
>
> – DAVID BEAUCAGE

Notez qu'il y a aussi de grands dangers : une fois sur la toile, votre blague est là pour y rester. Même si vous essayez de la retirer après qu'on vous est tombé dessus pour être allé trop loin ou avoir offensé quelqu'un.

Et entre le succès phénoménal et l'opprobre du public se trouve le pire : l'indifférence. Si personne ne remarque votre *post* dans un délai relativement court, votre blague ne fait pas rire ni ne choque : elle passe complètement dans le beurre, poussée hors des fils de nouvelles au fur et à mesure que le contenu plus récent fait son apparition.

Les blogues

Tenir un blogue peut devenir une occupation à temps plein, mais les bénéfices sont nombreux. D'abord, le format permet de varier le contenu et de publier des blagues courtes, des textes plus longs, des vidéos, des images, et plus encore. Le blogue peut aussi se présenter essentiellement sous forme visuelle, à vous de décider (mavieamoureusedemarde.com, normanfaitdesvideos.com).

Puis, en l'indexant avec des mots-clés, il devient facile pour les visiteurs de consulter vos archives, ce que les pages Facebook et Twitter rendent plus ardu. Vous pouvez prendre l'habitude de mettre une image drôle le lundi, une blague d'une ligne le mardi, une courte entrevue le mercredi, etc. Vos abonnés y prendront goût et attendront avec impatience votre prochain ajout.

Cependant, en plus des mises à jour du blogue comme tel, il ne faut pas oublier d'en faire la promotion – sur Facebook et Twitter.

Les sites satiriques

Si vous êtes adepte (ou accro, c'est selon) des réseaux sociaux, vous devez certainement avoir vu passer les sites de fausses nouvelles comme le *Journal de Mourréal* ou lapravda.ca. Bien que plus difficiles d'exécution puisque ce genre de sites demande une bonne connaissance de la programmation et de la mise en page, ils sont cependant sans limites pour quiconque aime bien rire des politiciens, des artistes et de Éric Duhaime.

Ce genre de sites n'a rien de nouveau (voir : theonion.com) ni d'exclusif au Québec (voir : thebeaverton.com, legorafi.fr).

Les imprimés

Les chroniques et les magazines

Il était une fois… André Rufiange. Ou, plus près de nous, Michel Beaudry. Encore plus près et on voit les Fred Dubé, Simon Delisle et autres nous dévisager à partir des quotidiens gratuits tels que *Métro*. Des grands journaux aux hebdos régionaux, ces chroniqueurs offrent une version qu'on pourrait qualifier d'humour « sur la clôture » – mi-drôle, mi-provocant – de l'actualité. Si ce genre de chose vous intéresse, jetez d'abord un coup d'œil à votre journal local, au cas où…

> ***« Je suis né bébé. Comme j'étais tout nu, le médecin a dit "c'est un garçon !" Ce qui me fit grand plaisir parce que j'avais toujours rêvé d'être un garçon. »***
>
> – ANDRÉ RUFIANGE

Côté magazine, ce type d'écriture ne se retrouve plus de nos jours, mis à part dans *Charlie Hebdo*. Les défunts *Croc* et *Safarir*, qui étaient farcis d'humour d'une couverture à l'autre, n'ont plus d'équivalents désormais, et c'est bien dommage. Pas besoin de vous rappeler, avec grand chagrin, que le format papier prend le bord. Mais il n'est pas dit que quelques audacieux ne penseront pas à reprendre le flambeau en format électronique un bon matin. En ce moment, *Urbania* offre des chroniques qui s'y apparentent avec des auteurs tels que Kim Lévesque-Lizotte qui s'y font les dents (pour ne pas dire les griffes), mais on est encore loin du magazine purement humoristique d'une couverture à l'autre. On se tient prêt, juste au cas.

Les caricatures

Chaque journal qui se respecte a un caricaturiste de talent pour nous faire rire avec une position éditoriale qui nous présente l'actualité sous un angle nouveau. Parmi les plus célèbres, notons Serge Chapleau, André-Philippe Côté, Garnotte. Eh oui ! Ces gens-là aussi produisent de l'humour ! (Avouez que vous y aviez pas pensé ?)

La caricature est un marché restreint, mais qui cherche à se renouveler au fil des ans. À condition de savoir dessiner, bien entendu. Et de posséder l'incroyable capacité de faire flèche de tout bois, rapidement et sans relâche, surtout lorsqu'il ne se passe rien de bien extraordinaire dans l'actualité. Avons-nous besoin de préciser que c'est possiblement la forme d'humour la plus difficile ? Respect.

La BD

Encore une fois, si vous savez dessiner... mais pas nécessairement. Ce qu'il est important de retenir ici, c'est qu'on parle d'un marché en plein essor ces dernières années, alors que la BD se réinvente et retrouve ses lettres de noblesse. On n'a qu'à penser au *Paul* de Michel Rabagliati ou aux *Nombrils* de Delaf et Dubuc, entre autres. À cette différence que les possibilités sont plus nombreuses, car, à la façon de Goscinny et Uderzo, les collaborations peuvent marier votre écriture d'un côté avec le dessin de quelqu'un dautre.

Donc, de deux choses l'une : trouvez un dessinateur pour illustrer votre histoire ou un illustrateur en manque d'inspiration qui cherche un écrivain. Tous les moyens sont bons. Parmi nos humoristes, c'est ce que font Yves P. Pelletier et Luc Boily, entre autres. Mais avant que vous posiez la question : non, il n'existe pas de sites de rencontres pour ça.

At large – les commerciaux et autres productions de même type

Est-ce qu'on vous avait pas dit que l'humour menait à tout ? Eh oui, même la pub, mal nécessaire contre lequel on aime bien pester, mais qu'on ne peut pas contourner. Aussi bien tourner la chose à notre avantage…

Les commerciaux qui frappent notre esprit sont souvent ceux qui font appel à l'humour. Rien qu'en lisant ces mots, certaines pubs pourraient apparaître dans votre tête. Elles peuvent miser sur la force des dialogues (jeux de mots avec le nom de la société à représenter) ou être entièrement silencieuses (les pubs de compagnies d'assurances, par exemple). L'important est que le concept fasse rire et que l'auditeur puisse faire le lien entre ce qu'il voit/entend et le nom du commanditaire.

Au sein de leurs équipes, les agences publicitaires ont très souvent quelques concepteurs dotés d'un sens de l'humour plus affiné, et si vous connaissez ce milieu, vous savez déjà ce à quoi nous faisons référence. Prenons par exemple Stéphane Raymond qui a entre autres œuvré en publicité avant de livrer ses sketches *Chest-bras* et *Synvain rénove.*

Et quand on parle du lien entre l'humour et la publicité, on peut aussi voir que ça s'applique « dans les deux sens » puisque souvent des humoristes sont recrutés à titre de porte-parole pour des campagnes publicitaires (André Sauvé et Industrielle Alliance, Martin Matte et Maxi, ou le trio Adib Alkhalidey/Dominic Paquet/Jean-Thomas Jobin pour les pubs de Mise au jeu de Loto-Québec,). Mais dans un sens comme dans l'autre, de la conception à la livraison, une bonne pub se construit de la même manière qu'un numéro sur scène : définir le message à transmettre, élaborer le *set-up*, insérer les gags ou les effets comiques, etc. Le tout à grand renfort de sessions de *brainstorm*, de brassage d'idées et de concepts, bref, tout ce dont on vous parle depuis déjà un moment.

Et, comme partout ailleurs, c'est un milieu où l'on est constamment en quête d'innovation et de nouveaux talents.

Le cinéma

Le top du top pour qui veut s'adonner à l'écriture humoriste est sans conteste de créer un scénario pour un film qui devrait idéalement durer 90 minutes. Et être drôle de la première à la dernière minute. Pas évident.

Croirez-vous que quelqu'un puisse commencer par ça ? Oui, c'est possible. On peut avoir une idée pour une intrigue dans laquelle l'humour occupe une grande place, on suit un cours pour apprendre à scénariser (non, pas ici, ce serait trop long), et… on écrit.

Ou alors, dès que vous avez une base humoristique et des idées qui foisonnent, la transition peut se faire à plus ou moins long terme. Si ça a fonctionné pour Émile Gaudreault (Le Groupe sanguin ; *De père en flic, Mambo Italiano*), Ken Scott (Les Bizarroïdes ; *La grande séduction, Starbuck*) et Patrick Huard (*Bon cop, bad cop*), c'est la preuve que ça peut marcher. Avec des idées novatrices et en y mettant l'effort nécessaire, on s'entend. On vous souhaite bonne chance.

Le contraire est aussi vrai, et plus fréquent. Un scénariste d'abord « sérieux » et ayant quelques œuvres à son actif peut décider d'insuffler une touche d'humour à son prochain script. Ça peut se faire à petites doses, en insérant quelques scènes cocasses dans un film autrement dramatique. Ou, à l'opposé, on peut y aller pour « la totale » en concevant une pure comédie, qu'elle soit basée sur les situations, les dialogues ou l'absurde.

Dans ce dernier cas, tout doit être très drôle ou très mordant, sinon on court le risque que ça demeure un film « bof » et que son auteur reste à jamais dans la catégorie des « grands incompris ».

Pourquoi ?

Considérations sociobiologiques (ou « le boutte pompeux »)

Il y a quelques années, l'une des auteures est allée consulter une tireuse de cartes. Preuve que la tireuse en question ne valait pas de la chnoute, une de ses premières observations a été : « Toi, je devine que t'es le genre de fille qui aime avoir du fun. » Pas besoin de vous préciser que ses prédictions ne se sont jamais réalisées…

Parce que, tsé, qui n'aime pas avoir du fun ? Ce qui amène la grande question existentielle : Pourquoi rire ?

Ou, plus exactement dans le cas qui nous intéresse, pourquoi vouloir *faire* rire ?

Si vous tenez ce livre entre vos petites mains, c'est qu'un aspect ou un autre de l'humour vous attire. Mais lequel ? Commençons donc par énumérer certains bienfaits de l'humour qui, tout comme l'amour, enrichit autant celui qui le donne que celui qui le reçoit. Sans vouloir tomber dans les clichés, nous pourrions même affirmer que « nul n'a plus besoin d'humour que celui qui n'en a pas à donner ».

> ***« Si vous peuplez tout seul la solitude du monde, alors vous êtes un humoriste. »***
>
> – ANDRÉ FRÉDÉRIQUE

Voilà pour la partie romantico-sentimentale.

D'un point de vue plus animal et empirique, ce n'est un secret pour personne que rire fait du bien en raison de ses effets positifs sur la santé. Sans compter que ça revient moins cher que de virer une brosse et que c'est beaucoup moins pénible le lendemain matin. Et, contrairement à ce qui survient pendant qu'on est en état d'ébriété onéreux et douloureux, on se souvient beaucoup mieux de ce qui nous a fait rire, et ça continue de nous faire rire encore longtemps.

Rire à s'en tenir les côtes, même au risque de passer pour un épais fini, aide à relaxer en décontractant les muscles – sans besoin d'aller au gym ! Le rire réduit aussi la production des hormones de stress tout en générant des endorphines – sans rien avaler ! De plus, il améliore la fonction de notre système immunitaire et peut contribuer à alléger certaines douleurs – encore une fois sans rien avoir à débourser !

Même le Pharmachien serait d'accord.

> ***« L'humour fait oublier la mort. Quand tu ris avec des amis, c'est un moment où la mort n'existe pas. C'est pour ça que l'humour est bien plus fondamental dans nos vies que sur scène. C'est le mécanisme d'adaptation par excellence, une façon de faire sortir la steam, un pied de nez au surmoi. Ce n'est pas juste un divertissement. C'est plus profond que ça. »***
>
> – LOUISE RICHER

Souvenez-vous de la dernière fois où vous avez passé de longs moments à rire de bon cœur... On peut vous garantir que vous avez beaucoup mieux dormi la nuit qui a suivi, pas vrai ?

En plus de ses bienfaits physiques, l'humour a ceci de magique qu'il rapproche les gens de façon bénéfique en facilitant une communication à plusieurs niveaux :

1. au sens premier, la blague comme telle qui nous fait nous esclaffer en groupe ;
2. sur un autre plan, un lien se crée lorsque les gens rient ensemble, même s'ils n'en sont pas conscients ;
3. … et vous pouvez insérer ici un autre niveau de votre choix si vous avez le goût de vous lancer dans des considérations ésotériques.

Pas besoin de vous expliquer que si vous croisez par hasard la personne qui était assise à côté de vous au dernier spectacle de Stéphane Rousseau, vous en tirerez plus de plaisir que si vous croisez celle qui était assise à côté de vous pendant les 18 heures que vous aviez attendu à l'urgence lorsque vous vous êtes fracturé le tibia à trois places l'hiver passé.

Voilà pour ce qui est de « pourquoi rire ». Cela nous amène à notre seconde question : pourquoi *vouloir* faire rire ?

Si on reprend les concepts ci-haut mentionnés, on peut comprendre que les mêmes effets s'appliquent si vous faites rire l'auditoire. En croisant par hasard un spectateur que vous avez fait rire aux larmes avec votre matériel si hardiment conçu, vous avez plus de chance que cette personne vous aborde avec un grand sourire qu'avec un air de bœuf. Et si cette rencontre survient à un moment où vous ne vous sentez pas *top shape*, ce petit velours peut être suffisant pour vous remettre de bonne humeur.

Mais même sans ça, arriver à faire rire les gens, surtout de purs étrangers, est un exploit digne de mention.

« Où il n'y a pas d'humour, il n'y a pas d'humanité ; où il n'y a pas d'humour, il y a le camp de concentration. »

– EUGÈNE IONESCO

Rire en groupe est rassembleur. Un peu comme ça se produit quand on reste pris dans l'ascenseur avec une gang d'inconnus, rire permet de faire tomber les barrières et crée un sentiment d'appartenance, un moment précis où une foule « pense pareil ». Une sensation puissante... et vous en êtes la principale raison. Avouez que ça doit être assez trippant, non ?

Avant d'en arriver là, vous avez du chemin à faire. Parce que mettre tout le monde sur la même longueur d'onde et créer une « confrérie instantanée » de rieurs, ça ne se fait pas tout seul. Surtout considérant le fait que les gens qui viennent vous voir sont tous issus de milieux variés et ont des expériences de vie différentes. Si on comprend bien que l'humour voyage mal – p. ex. on peut faire des blagues sur les cônes orange dans un grand centre urbain alors que celles sur les face-à-face avec les chevreuils tomberont dans le vide, et vice versa –, tant que vous n'aurez pas développé votre créneau, que les gens viendront assister à votre spectacle plus par curiosité que par connaissance de votre style, vous devrez vous en remettre à votre motivation la plus viscérale : pourquoi avez-vous envie de faire rire ?

Nous ne traiterons pas ici de vos démons profonds, malgré que pour plusieurs ça pourrait être source de bien des blagues... Suffit d'établir que vous entretenez le désir de faire de l'humour. Vos raisons ne regardent que vous, même si souvent les humoristes adorent se révéler de cette façon. Parce que s'il est bon de rire, il est encore plus satisfaisant de faire rire.

Pédagogie et philosophie

Pour communiquer une information aux jeunes (et aux moins jeunes) à divers niveaux, l'humour est un outil intéressant. Les enseignants les plus dynamiques sont souvent les plus comiques. Les gens ont une capacité naturelle à retenir les blagues. Ajoutez aux blagues un aspect d'information, et la leçon, même la plus aride, passera sans effort.

Qui dit humour dit aussi sarcasme et ironie. Et de là, on touche à la philosophie. (On vous avait pas dit que l'humour menait à tout ?) Car peu importe qu'on pense à la politique ou aux actualités, l'humour qui vise purement à divertir est proche parent de l'humour engagé qui veut faire passer un message.

« Un humoriste, c'est un philosophe qui rit jaune... »
– ÉMILE CODERRE

Si vous aspirez à une carrière d'humoriste, il y a de fortes chances que vous utilisiez déjà l'humour dans votre vie de tous les jours. Vous êtes-vous demandé comment vos interactions avec vos collègues seraient modifiées si vous n'aviez pas cette habitude ? Quand on vous dit que vous êtes drôle, est-ce un compliment ou une réprimande ? Et, peu importe votre occupation actuelle, qu'est-ce qui vous motive, *vous*, à faire de l'humour ?

Occupation principale ou pour le fun

Vu sur le Net : Pour être apte à la dérision, un léger fond dépressif, une tendance à la culpabilité, une agressivité latente et le désir d'échapper aux normes établies sont recommandés. Votre portrait craché ? Devenez humoriste ![2]

Être humoriste, c'est un peu comme être un superhéros. Pensez-y : vous changez, l'espace d'un instant, le quotidien d'une personne, vous lui faites oublier ses soucis, vous lui permettez de se détendre, bref, vous lui sauvez la vie ! (OK, on exagère, mais à peine.)

2. http://www.psychologies.com/Moi/Se-connaitre/Personnalite/Articles-et-Dossiers/L-humour-en-avoir-ou-pas

Et tout comme un superhéros, rien ne vous empêche de le faire en menant une double vie. Comme Superman, journaliste de son état, ou Batman, connu comme un millionnaire excentrique. Et rien ne vous dit que le type qui ramasse vos poubelles chaque semaine n'a pas déjà présenté un numéro dans un bar…

Eh oui, c'est possible !

Pour le « comment ça marche »

Malgré tout ce qu'on vient de ruminer ci-haut, il se peut que vous ayez ouvert ce livre par simple curiosité. Peut-être que vous n'entretenez pas le désir profond de rassembler les gens. Peut-être que vous n'avez rien à leur apprendre, aucun message à faire passer.

Peut-être que vous écrivez déjà, pour la télé, pour des agences publicitaires, et que vous voulez insuffler un peu d'humour dans vos produits…

Ou, sans nécessairement nourrir le projet de monter sur scène, vous croyez avoir un certain talent pour créer du matériel et collaborer avec d'autres humoristes, mais vous ne savez pas comment vous y prendre…

Ou peut-être encore que vous êtes titulaire d'un diplôme en littérature et que, après avoir touché à l'essai, à la poésie, à la fiction, vous aimeriez changer de cap…

Que ce soit pour l'une ou l'autre de ces raisons, écrire l'humour comporte des règles de bases qui vous seront certainement utiles pour réorienter votre style et ajouter une corde à votre arc.

Pour séduire la gent féminine

Les femmes aiment les hommes qui les font rire. Pas besoin d'un diplôme en psychologie pour savoir ça. Faites-la rire et vous serez déjà à mi-chemin vers son lit (mais si vous êtes déjà à mi-chemin vers son lit et qu'elle se met à rire, là vous avez un problème…) La séduction par le rire fait appel aux sensations évoquées en début de chapitre : les barrières qui tombent, le côté rassembleur, l'établissement d'un lien qui nous met sur la même longueur d'onde. Donc oui, pour les hommes, il peut être avantageux de développer son « moi comique » et d'apprendre à faire des blagues originales et qui ont du punch.

> ***« Quelqu'un qui est beau va avoir des facilités dans la vie qui sont délirantes. Et ce n'est pas forcément souhaitable d'avoir une vie facile. C'est chouette d'avoir à se battre. Ça crée des humoristes, par exemple, qui sont de grands complexés qui ont développé d'autres talents de séduction. »***
>
> – FLORENCE FORESTI

Mais ça ne marche que dans un sens : les gars ont tendance à fuir les filles drôles. De peur qu'elles soient plus difficiles à impressionner ? Par crainte qu'elles soient plus comiques qu'eux ? Ou que par malheur, elles se mettent à rire d'eux ? Bref, mesdames, sachez que si vous avez un penchant pour la conception ou l'écriture humoristique, il vaudrait mieux garder à l'esprit que vos blagues ne doivent jamais être dirigées contre l'élu de votre cœur. Ceci dit, ne vous empêchez pas de faire de l'humour, par pitié. Regardez toutes les Cathy Gauthier, Émilie Ouellette, Mariana Mazza et autres… Si vous avez le talent, pourquoi vous en priver ? Pourquoi *nous* en priver ?

Le vedettariat

Comme le disait Andy Warhol, dans le futur, tout le monde sera célèbre pendant 15 minutes. À l'ère des *selfies*, on ne peut que lui donner raison. Ceci dit, si on devient humoriste avec la seule ambition d'être une vedette, on ne pourra qu'être déçu. C'est un métier qui demande beaucoup d'efforts, de travail et de courage, considérant que les débuts sont rarement rémunérés et vraiment pas glamour. Seuls les passionnés peuvent se hisser au sommet.

> ***« Il y a une réalité qui nous guette en tant qu'artiste, c'est certain qu'un jour on va être un* has been. »**
>
> – PATRICK HUARD

Le *cash* !

Devons-nous répéter cette dernière phrase ? Oui, écrire l'humour peut se révéler lucratif, mais seulement dans un petit nombre de cas, et jamais à court terme.

Si votre principale motivation est d'être le prochain Yvon Deschamps ou Martin Matte (encore lui !), nous nous devons ici de péter votre balloune sans autre forme de cérémonie. Comme toutes les disciplines artistiques, il y a beaucoup d'appelés et peu d'élus. Ce qui ne veut pas dire que ce soit impossible. Seulement, soyez-en averti, les humoristes qui ont du succès et font beaucoup d'argent sont parvenus au sommet au terme d'efforts soutenus pendant plusieurs années. Ça peut vous arriver, mais prévoyez un plan B. Juste au cas.

Les travailleurs de l'ombre

S'il y a les humoristes qu'on voit sur toutes les scènes, les plateaux de télé, le Web et le grand écran, il y a aussi une foule de créateurs qui œuvrent en coulisse et que vous ne pourriez même pas reconnaître sur la rue.

Les scripteurs et idéateurs sont des piliers importants dans le monde de l'humour, et leur apport au contenu est beaucoup plus vaste qu'on pourrait le soupçonner.

Outre François Avard (*Les Bougons*, script-éditeur pour de nombreux humoristes) qu'on voit souvent en entrevue, mentionnons entre autres Marc Brunet (*Like-Moi, Les Bobos*), Benoit Pelletier (*Le sens de l'humour, Conseil de famille*), et Pierre-Yves Bernard (*Dans une galaxie près de chez vous, Minuit, le soir*) qui sont incroyablement prolifiques même si rarement sous les projecteurs.

Donc, si vous avez un talent qui bouillonne dans votre tête, mais souffrez d'un trac qui bousille votre vie, il va sans dire que l'écriture sans ambition de vous produire sur scène peut s'avérer une option intéressante. De cette façon, écrire l'humour peut être tout de même lucratif, et ce, sans avoir à dévoiler votre visage.

Simplement pour essayer

À la question « pourquoi ? » s'oppose l'éternel « pourquoi pas ? ». L'exercice vous intéresse sans que vous ne puissiez définir d'où vous est venue cette envie ? Vous aimeriez créer des gags, mais sans raison précise ? C'est votre droit le plus strict. Et sans pression ni attentes, vous en retirerez probablement plus de plaisir et de satisfaction.

Autre bonus : parler devant public est une des peurs les plus fréquentes. Cependant, c'est un défi que des personnes courageuses se lancent. Et vous savez quoi ? Vous pourriez éprouver un coup de cœur qui changera votre vie à tout jamais. Imaginez un instant que vous deveniez accro au fait de vous exprimer devant une audience, et surtout la faire rire. C'est un plaisir que rien au monde ne peut remplacer… à part tomber en amour avec l'âme sœur. Mais ça, c'est pas de notre ressort.

Qui es-tu ?

C'est toi-même en personne ou un rôle que tu joues ?

Si on vous parle de Patrice Lemieux (Daniel Savoie), Sèxe Illégal (Philippe Cigna et Mathieu Séguin) ou Priscilla (Jean-Michel Anctil), vous savez tout de suite à qui on fait référence. Et votre instinct vous dit – sans qu'on ait à vous le confirmer – que ce sont des personnages de pure invention qui n'ont possiblement rien en commun avec les humoristes qui les interprètent.

Quand il est question des humoristes qui font de la scène en tant qu'« eux-mêmes », par contre, on serait tenté de croire qu'ils se montrent sous leur vrai jour. Mais est-ce vraiment le cas ? Pourriez-vous croire que, dans sa vie de tous les jours, Mike Ward est tout à fait adorable et attachant ? (Si vous ne nous croyez pas, allez voir le numéro qu'il a fait sur les funérailles de sa mère.) Que Philippe-Audrey Larrue-St-Jacques n'est pas snob ? Qu'Alex Perron peut passer plusieurs heures d'affilée sans prononcer un seul mot ? (Et pas juste quand il dort.)

C'est ce qu'on appelle le principe du personnage de scène.

> ***« Je vous rassure : je ne suis pas sur scène comme dans la vie. Ce qui explique pourquoi je ne suis pas en prison actuellement. Les gens sont parfois déçus quand ils me rencontrent. »***
>
> – JEAN-FRANÇOIS MERCIER

C'est qui ça, c't'e gars-là... ?

S'il arrive que les humoristes décident de montrer une image assez près de ce qu'ils sont (Lise Dion, Jean-Marc Parent, Boucar Diouf), en général leurs personnages de scène sont construits sur un composite combinant des éléments de leur vraie personnalité, mais souvent avec une grosse part de pure invention. C'est ce qu'on appelle le *persona*.

Persona (personnage de scène)

Nom pouvant être féminin ou masculin – du verbe latin *personare* (*per-sonare,* « parler à travers »), désignant à l'origine le masque que portaient les acteurs de théâtre de l'époque romaine, de nos jours signifiant une personne fictive stéréotypée.[3]

Trouver son *persona* peut être aussi difficile – ou aussi facile, c'est selon – que de tomber enceinte : ça peut arriver tout autant par accident qu'après des mois d'efforts répétés, juste au moment où on pensait abandonner.

À titre d'exemple et parce qu'on s'en sort pas, on vous rappelle que Martin Matte a trouvé assez rapidement le ton fendant et supérieur du *persona* qu'on lui connaît aujourd'hui. À l'opposé, François Bellefeuille a cherché pendant un bon moment son personnage de scène. Il a trouvé par hasard l'attitude enragée qui a fait sa marque en « niaisant » pour tester différentes façons de livrer son texte.

---

3. http://www.granddictionnaire.com/ficheOqlf.aspx?Id_Fiche=8364067

Dans les deux cas – comme pour la majorité des humoristes, en fait –, ce qui apparaît devant nous n'est pas tout à fait la personne réelle. Notez que ça n'enlève rien au fait que ce *persona* soit tout aussi complexe, vraisemblable et solide. Cette incarnation doit être crédible en tous points, à plus forte raison chez un humoriste débutant qui se produit dans une petite salle : il se trouvera toujours quelqu'un, souvent dans la première rangée, qui cherchera à interrompre ou tentera de désarçonner l'artiste sur scène.

C'est un risque auquel tous les humoristes font face. Des « smattes » qui se pensent plus drôles que le comique sur la scène, ce qu'on appelle en anglais les *hecklers* (chahuteurs, perturbateurs). Lorsque ça se produit, il devient crucial de ne pas sortir de son *persona*, mais de tellement bien le connaître qu'il devient possible de réagir comme cet alter ego imaginaire. Ce qui demande un fort talent pour l'improvisation et le jeu. Certains humoristes se préparent même une liste de réponses préfabriquées, comme « Attends pas de carte de Noël de ma part cette année », ou « Si tu veux, on réglera ça dans le stationnement tantôt ».

> ***« Est-ce que je viens t'interrompre comme ça pendant que tu travailles, moi ? Non, je fais juste dire "un hamburger et une patate, s'il vous plaît." »***
>
> – JAMIE CARR

Trouver sa voie, son univers

On a souvent l'impression que tout a déjà été dit, tout a déjà été fait. Mais année après année, il se trouve un nouvel humoriste qui semble sortir de nulle part en apportant quelque chose d'innovant et de rafraîchissant.

Et la pire des erreurs est de chercher à faire pareil. Il n'y a qu'un seul François Pérusse, un seul André Sauvé, un seul Jean-Thomas

Jobin, une seule Katherine Levac. Oui, ils sont géniaux, différents, et les gens en redemandent. Mais s'ils peuvent vous servir d'inspiration, vous ne pouvez pas offrir au public quoi que ce soit de semblable. Aucune saga de vampires n'a décollé après *Twilight*. Il n'y aura jamais d'autre *Harry Potter*, malgré tous les clones que les auteurs ont tenté d'inventer. De la même façon, aucune série de films d'espionnage n'a pu avoir le succès de James Bond. C'est pareil en humour.

Trouvez votre propre *persona*. Les autres sont déjà pris.

Vous pouvez, si vous n'avez aucune pudeur, faire face à votre public avec votre « vous-même » et dévoiler vos opinions, vos habitudes, vos rêves et même vos désillusions. Parce que vous êtes unique et différent. Mais il faut avoir les nerfs solides pour oser se livrer sur scène tel qu'on est. En révélant ce que vous êtes, vous n'aurez plus de vie privée. En critiquant vos idées, c'est votre amour-propre que le public attaquera de plein fouet. Bref, on ne le recommande pas. Vous êtes humoriste et non politicien !

« On est plus vulnérable en stand-up parce qu'on parle de nous. On est plus fragile sur scène sans personnage. »

– ARNAUD SOLY

Mais où trouver ce fameux alter ego à qui on peut tout faire dire, même si – et surtout si – on ne le pense pas ? Comme on vient de l'expliquer, ça prend soit un éclair de génie, soit beaucoup de temps et de peaufinage.

Votre *persona*

Vous dégagez une impression qui aide le public à se faire une idée de qui vous êtes. C'est votre *persona*, votre personnage de scène. Généralement, un humoriste met de l'avant deux ou trois de ses qualités ou défauts en les exagérant. Woody Allen n'est peut-être pas aussi hypocondriaque qu'il le prétend, mais son *persona* n'est pas si loin de la réalité. André Sauvé n'est pas si timbré... Ou peut-être que oui, mais juste un peu.

Pour la plupart des humoristes, trouver son *persona* se fait de manière organique. Autrement dit, ça se développe petit à petit, un peu par instinct, au fur et à mesure qu'on élabore notre matériel et qu'on peaufine la livraison. À l'autre extrême, vous pouvez créer un personnage de toutes pièces. Certains humoristes se sentent plus à l'aise lorsque le *persona* est loin de ce qu'ils sont dans la vie. Plus c'est loin de vous, par contre, plus ça demande d'efforts et de notions de jeu pour rester dans ce personnage tout au long de votre numéro.

C'est important de savoir quelle impression vous projetez, pour que vos blagues fassent corps avec votre *persona*.

Exercice 478 (parce qu'on a un peu perdu le compte...) – La *check list* de votre *persona*

Pour en venir à accoucher de cet alter ego, vous pouvez commencer par fouiller dans le plus profond de vous-même et en ressortir les traits de caractère que vous jugez être représentatifs de qui vous êtes.

Ensuite, interrogez vos amis pour en apprendre plus sur l'image que vous *projetez*.

Finalement, comparez les deux.

Il est fort probable que ça vous jette par terre. Non, les autres ne vous voient pas tel que vous êtes, ni tel que vous voudriez paraître. Donc, inutile de vous forcer de ce côté. La première impression est capitale, et idéalement vous devriez baser votre *persona* sur ce que captent les gens autour de vous. Des phrases-clés comme « Toi, tu m'as toujours semblé être le genre à... », ou « C'est ben toi, ça, faire des affaires de même ! » (Complétez ces deux phrases selon ce que vous avez entendu souvent, même si vous n'êtes pas d'accord, et vous aurez une bonne idée du genre de *persona* que vous allez finir par projeter.)

Mettez l'accent sur des traits de caractère bien définis et ancrés – plus vous verserez dans les extrêmes, plus drôle ce sera. Dressez le tableau le plus complet possible, sans limites ni censure. Il sera toujours temps de rectifier le tir plus tard. Votre but est de voir se dessiner une personne vraiment tridimensionnelle, avec un passé, des activités, une expérience de vie, des manies ou des tics, des amis, une famille, etc. Votre *persona* n'est pas né hier – il y a de bonnes raisons pour lesquelles il s'adresse aujourd'hui à votre public. Qu'est-ce qu'il a à dire ?

Refaites cet exercice à plusieurs reprises, en soulignant des traits différents à chaque fois. Au fil du temps, vous verrez votre *persona* prendre vie sous votre stylo, vous lui mettrez des mots dans la bouche, et un bon jour vous serez peut-être surpris de le retrouver sur scène au théâtre St-Denis !

Trouver son style

Une fois que vous aurez une bonne idée des caractéristiques physiques et psychologiques de votre *persona*, vous devrez décider de la teneur de ses propos – autrement dit, le texte – et du format que prendra le numéro. Ça, c'est pour le contenu. Mais ça ne s'arrête pas là.

La façon d'amener le tout, la livraison proprement dite, c'est ce qu'on appelle le style. Et c'est tout aussi important, sinon plus. En général, comme le *persona*, le style émerge naturellement. Si votre *persona* est un rêveur utopique qui ne voit que le bon côté des choses, son style devrait aller de pair avec une voix mielleuse, des gestes délicats, etc. Si votre *persona* dénonce les travers de la société à grands coups de provocation, sa voix sera grave et son ton mordant, et toute sa gestuelle devra y faire écho.

«Il y a en humour l'idée de la singularité. La force d'un humoriste, selon moi, c'est la singularité. Qu'est-ce que tu offres de différent ? Il y a l'efficacité comique qu'il faut maîtriser pour être drôle, mais qu'est-ce qui te distingue ?»

– PHILIPPE-AUDREY LARRUE-ST-JACQUES

Un exemple flagrant pour illustrer les différents styles serait celui des Denis Drolet, où l'un des membres (le Denis barbu) est constamment en rogne et rustre, alors que l'autre (le Denis à palettes) est «hop la vie» et d'un enthousiasme sans bornes. En fait, ce genre d'opposés est l'apanage de la plupart des duos, comme Ding et Dong, Dominic et Martin et Les Pic-Bois. Une analyse sommaire (même pas besoin d'un bac en communication ou en psycho) peut nous révéler deux entités divergentes, qui ont des opinions et des goûts très semblables sur certains points, mais aux antipodes sur d'autres. Au-delà de leurs blagues et de leur narratif, leur façon de s'exprimer, leurs gestes, leurs mimiques sont propres à chacun. Et plus c'est contradictoire, plus c'est drôle.

Pendant qu'on est là-dedans, on va en profiter pour discuter un peu plus à fond (bon, OK, on va essayer de faire ça court) de la question des duos.

Les duos
Petit guide très condensé, mais très pratique

Un duo comique est souvent structuré sur le même modèle, à l'instar des spectacles de clowns : l'un est le «clown blanc», l'autre est l'«auguste».

- Le clown blanc est le personnage sérieux, intelligent et rationnel.
- L'auguste est fruste, outrancier et désordonné.
- Le clown blanc – le *straight man* – a un ascendant sur l'auguste qui, pour sa part, est le faire-valoir – ou le *side-kick* – dominé.

Souvent au grand désespoir du clown blanc, l'auguste est la vraie vedette, celui qui déclenche le rire, le faire-valoir qui *punche*.

- Pour Dominic et Martin, Martin est le *straight man*, Dominic est le *side-kick*.
- Dans *Moi et l'autre*, Denise est la *straight man*, Dodo est son *side-kick*.
- Pour les plus vieux lecteurs, et parce que c'est le plus bel exemple qu'on puisse vous donner, Dean Martin était le *straight man*, tandis que Jerry Lewis était le *side-kick*.

Tout ça pour dire que, quand on regarde les professionnels qui sont parvenus à leur maturité artistique, leur unicité et leur style les distinguent entre mille, alors qu'un humoriste qui débute peut « ressembler à tout le monde » pendant un moment, ce qui est tout à fait normal.

Truc éclair

Visionnez les prestations de plusieurs humoristes établis. Vous pourrez ensuite mieux saisir ces concepts de *persona* et de style. Vous serez aussi mieux outillé pour continuer à faire évoluer les vôtres.

L'importance du jeu

C'est évident qu'une performance scénique demande une bonne part de jeu. Si vous avez une formation en théâtre, vous avez peut-être déjà vu cette liste brève (mais qui peut être fort utile !)

des différents éléments qui caractérisent votre *persona* dans sa manière de se comporter.

- Le ton de la voix (hésitant, assuré, monocorde, en mitraillette, etc.)
- La vitesse de débit (en feu roulant comme Louis-José Houde, ou lent comme le Renaud de Pierre Hébert – « *C'est vendredi... On fait l'amour...* », tendance à faire des pauses ou à tout enchaîner rapidement ?)
- Les mimiques faciales (air de bœuf en permanence ou sourire épais ?)
- Les tics corporels (gestes des mains ? Tendance à se gratter ?)
- Le regard vers l'auditoire (dans le vide ou qui cible les spectateurs en les visant droit dans les yeux ? quelque chose entre les deux ?)
- Le degré de communication avec le public (on fait participer les spectateurs ou on reste maître du numéro ?)
- L'ajout d'objets (guitare, marionnette, etc.)

La fidélité, c'est pas juste dans le couple

Une fois que vous aurez déterminé quelles sont les caractéristiques stylistiques de votre *persona* et que vous l'aurez suffisamment peaufiné devant votre public, il sera important de rester constant. Si, du jour au lendemain, Louis-José Houde se mettait à ralentir sa vitesse d'élocution, ou si Stéphane Rousseau commençait à se comporter comme Jean-Marc Parent, il y aurait un décrochage majeur et les fans seraient assurément déçus. Au point de ne plus revenir.

Jouer avec ses forces et ses faiblesses

Idéalement, vous devriez développer un personnage de scène avec lequel vous serez hyper confortable. Tel que mentionné un peu plus haut, il est capital de bien le connaître et de bien l'incarner : non seulement vous devez le personnifier, mais vous devez penser comme lui et *devenir* comme lui. Si vous voulez que votre public y croie, vous devez en être vous-même convaincu, sinon vos spectateurs sentiront que quelque chose cloche.

Donc, évitez d'emprunter un accent si vous savez que vous êtes pourri dans les imitations. N'endossez pas le rôle d'un hyperactif si vous n'êtes pas en forme ou si vous faites de l'asthme. N'encouragez pas votre public à participer si vous avez un problème de vision et que vous savez que vous aurez de la difficulté à discerner les gens dans la salle. D'ailleurs, nous ne le recommandons pas si vous êtes débutant : le risque est élevé de perdre le contrôle ou votre concentration, en plus de vous infliger une blessure d'ego si la personne que vous invitez a plus de succès que vous (oui, ça arrive).

Bref, évitez de vous donner trop de trouble en choisissant des caractéristiques difficiles à maintenir. Car très rapidement, les gens vont s'attacher à votre personnage de scène et viendront expressément pour le voir, *lui*. Vous devrez donc y rester fidèle.

Créer plusieurs personnages pour un sketch ou une série

Concevoir un personnage de scène qu'on va interpréter, c'est déjà un beau défi. Mais supposons que vous caressez un projet de série télé. À moins d'en être le seul protagoniste, on s'entend que vous aurez à mettre au monde toute une collection de personnages aussi variés que colorés, et qui sont tous unis par des liens particuliers. Et qui seront tous drôles, chacun pour des raisons différentes.

Selon vos besoins, vous pourrez reprendre les éléments qu'on vient d'énumérer (« L'importance du jeu », deux pages plus haut, constitue une bonne *check list* de votre *persona,*) et faire une fiche signalétique pour chaque personnage qui surgira dans votre scénario. Pensez au-delà des personnages secondaires ou encore tertiaires. Même le serveur ou la vendeuse qui n'apparaît que pour quelques secondes devra avoir un minimum de détails à son actif et apporter un élément comique. Ben oui, c'est beaucoup d'ouvrage ! Mais on vous l'avait dit que c'était pas des farces, écrire l'humour.

Souvent, les personnages de scène sont assez forts pour soutenir une série télé (personnages majeurs), alors que d'autres existeront pendant un numéro (personnages mineurs), mais sans aller plus loin que ça. Pour les personnages majeurs, on peut penser au Rogatien de Patrick Huard qui a donné vie à *Taxi 0-22*, aux Ding et Dong de Claude Meunier qui ont mené à *La Petite Vie*, et à Martin Matte pour *Les beaux malaises*. Dans plusieurs cas, les auteurs-humoristes en viennent même à inventer une famille pour entourer leur personnage principal.

Même si ça peut paraître simple et coulant de source, ce genre de transition de la scène vers la télé relève de la scénarisation, ce qui, en soi, demanderait tout un livre. On le fera peut-être un jour, c'est à suivre.

Ben oui, encore un exercice

Pour vous donner un petit coup de pouce (ou une claque dans le dos, ou un coup de pied au derrière, selon vos besoins), on vous offre un petit graphique de circonstance, histoire de vous lancer sur la pente ardue de la conception de personnages.

Comme toute œuvre de fiction, à la base, il y a votre protagoniste, le principal focus de votre série. C'est lui, le fameux gars du « une fois c't'un gars ». À moins de vivre sur une île déserte, ce qui créerait un numéro vraiment plate, ce protagoniste est entouré d'une foule de gens – amis, famille, collègues et autres connaissances – qui font partie de sa vie intime ou professionnelle, et qui surgissent tous à différents moments (quotidien, hebdomadaire, occasionnel).

Chaque personnage autour de votre protagoniste a une incidence sur ce dernier. De plus, les personnages interagissent entre eux, séparément du protagoniste.

À titre d'exemple, jetez un œil au graphique suivant, qui ne fait qu'indiquer qui est qui, avec un petit mot-clé quant au principal trait de caractère de chacun, pour vous permettre de développer chaque personnage à votre guise.

Lâchez-vous lousse avec ; on vous en donne la permission. Même qu'on vous encourage à prendre une petite pause de lecture et à vous essayer sans plus tarder. Avec une boisson de votre choix, pour joindre l'utile à l'agréable.

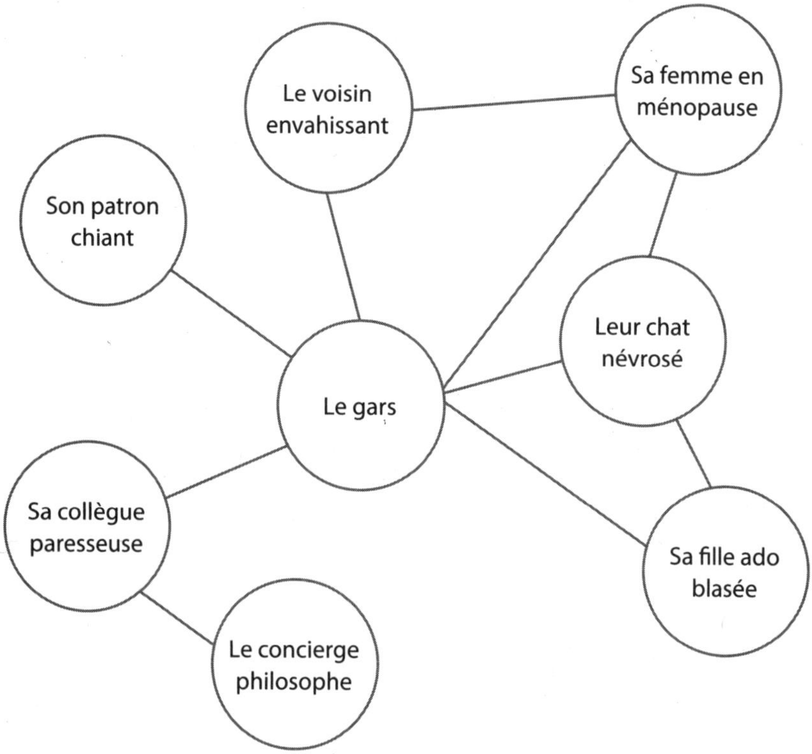

Pour qui ?

« Le monde, ils veulent rire »

Est-ce qu'il faut être fou pour vouloir se retrouver seul sur une scène ? Pas nécessairement, mais ça aide.

Quand quelqu'un est animé par ce désir intense de livrer un spectacle, c'est qu'il entretient au fond de lui-même un besoin de communiquer ce qui l'habite. Comme les chanteurs et les poètes : il y a quelque chose qui bouillonne en eux et meurt d'envie de sortir. Dans le cas des humoristes, c'est souvent la volonté d'oser dire tout haut ce que bien des gens pensent tout bas qui donne la confiance nécessaire pour affronter le public.

Mais c'est qui, au juste, le public ? Qui sont ces gens assis dans le noir ? Parce que tous vous le diront : quand on a les *spots* braqués dans la face, ce qu'on appelle le « public » est en fait une masse sombre et compacte de laquelle sortent des drôles de sons, selon la teneur de nos propos. Ça forme un bloc dont on devine à peu près les contours. Parfois, ça tousse. D'autres fois, ça chuchote. Sans qu'on puisse percevoir exactement d'où ça vient, parce qu'on ne distingue pas les détails. On sait juste que ça respire. Oui, ça peut faire peur – si on ne savait pas qu'il s'agit ici de donner un spectacle d'humour, ça aurait plutôt l'air d'un film d'horreur…

Le public est composé de gens issus de tous les horizons et qui n'ont qu'une chose en commun : ils sont venus pour se divertir et oublier leurs problèmes.

Donc, comme humoriste, vous devrez trouver une manière de les toucher en les faisant rire. Le rire doit primer sur les considérations intellectuelles. Certains sont d'avis que cela tient de la tyrannie, et c'est vrai que c'est tout un contrat.

« On va avoir du fun, peu importe ce que ça prendra. »

– SYLVIE O.

Ce n'est pas un secret : le public québécois est friand d'humour. C'est même surprenant de constater combien d'humoristes on retrouve au pouce carré dans notre Belle Province. Surtout pour une si petite population, toutes proportions gardées. Une population ricaneuse.

Tout porte à croire que c'est un hybride de notre héritage *british* mêlé au côté plus théâtral des Français, agrémenté d'une *twist* de religieux. Vous le croyez pas ? On vous explique :

1. Au départ, le côté théâtral francophone, avec ses rituels et ses particularités, tient de la religion catholique. Le côté plus dépouillé du stand-up américain, lui, vient de la religion protestante qui entretient une relation directe et sans flafla avec Dieu.
2. Au Québec, les personnages et les sketches ont été à l'honneur très longtemps avec le burlesque. Le stand-up des États-Unis est venu en rajouter une couche dans les années 1990 et a fait éclore notre stand-up québécois.

Mêlez 1 + 2 et vous verrez que ça donne ce qu'on a aujourd'hui. Si vous avez pas le temps de vous pencher là-dessus, on vous invite à nous croire sur parole, pour aller plus vite. Tout ça pour nous ramener à ce qu'on disait en haut : tout le monde veut rire, et les gens sont même prêts à payer pour le faire.

« Est-ce qu'il y a des parents ici ce soir ? [Le public applaudit.] C'est ça je pensais, ces gens-là s'applaudissent tout le temps. »

– MAUDE LANDRY

La connexion avec son public

La connexion directe avec le public est essentielle. Contrairement à un romancier qui doit attendre de lire les critiques, ou un chanteur qui doit tenir compte du nombre de fois où sa nouvelle chanson tourne à la radio, l'humoriste sait de façon instantanée si ses blagues fonctionnent. Oui, c'est pratique, mais c'est aussi terrifiant.

Et il faut que cette connexion se fasse dans les deux sens : le public ne vient pas voir la vedette ou l'artiste – il vient voir l'ami, celui qui va lui révéler des secrets, lui confier des choses (en apparence) intimes, qui va lui donner l'impression du « on pense pareil ! ». L'émotion sincère et la vérité sont essentielles pour connecter et établir un rapport personnel avec le public. Du moins, il faut que ça en ait l'air.

Règle capitale : les spectateurs doivent sentir que votre numéro vient directement de votre vie, de vos expériences. Même si vous exagérez. Ils vont vous pardonner ce petit écart, car vous êtes leur AMI, *right ?* C'est pourquoi, pour être drôle, le secret est de ne pas *essayer* d'être drôle, mais de tâcher d'être vrai. C'est beaucoup plus efficace.

« Soyez vous-mêmes ; tous les autres sont déjà pris. »

– MARK TWAIN

À la base, lorsque vous débutez dans le métier, allez-y avec des choses qui vous intéressent, plutôt que d'essayer de deviner ce que le public aimerait entendre. Même si ça peut être tentant d'adapter les thèmes de vos humoristes favoris – *why not?* Si ça marche pour Phil Roy, ça va marcher pour moi aussi, non? NON!!! –, vous devez absolument faire VOTRE marque. Donc, surprendre votre auditoire avec ce qui mijote dans votre cerveau et vous rend unique.

Le quatrième mur (même si on n'a pas parlé des trois autres)

Comme on vous l'a déjà dit, l'humoriste s'adresse directement à son public sur un ton de conversation. Tout le contraire du théâtre, où les comédiens se parlent entre eux et où le public est simplement témoin de leur conversation. On dit que l'humoriste brise le quatrième mur parce qu'il parle directement au public, ce qui se fait beaucoup plus rarement au théâtre. Regardez la définition ci-après et retenez-la – vous pourrez glisser ça dans une conversation et avoir l'air intelligent. Pas besoin de nous remercier, ça nous fait plaisir.

> Au théâtre, le quatrième mur désigne un «mur» imaginaire situé sur le devant de la scène, la séparant des spectateurs et «au travers» duquel ceux-ci voient les acteurs jouer.[4]

À la base, tout le monde court après le même marché

Nous ne surprendrons personne en affirmant que sur le plan des marchés, il y a des différences énormes entre le Québec, les États-Unis et l'Europe. À cause de la petitesse de notre bassin de population au Québec, les humoristes et les artistes en général

4. Source: Fédération québécoise de théâtre amateur (http://www.fqta.ca/pages.asp?id=863).

doivent avoir plusieurs cordes à leur arc pour vivre de leur métier. En plus, ils ont intérêt à se renouveler rapidement s'ils font des spectacles.

Oui, le Québec est reconnu partout dans le monde pour sa créativité artistique, mais quand vient le temps de gagner sa vie comme artiste, c'est une autre paire de manches. Aux États-Unis et en Europe, un humoriste peut rouler pendant plusieurs années avec un seul spectacle. Même si son numéro est très pointu, très politisé, très à gauche, etc. Mais pas ici.

Pour cette raison, les humoristes tendent à éviter les sujets touchant à la politique, à la religion, et à tout ce qui divise. Exactement comme dans les soupers de famille ! À quelques exceptions près (Fred Dubé, Les Zapartistes et Guy Nantel), il ne se fait plus d'humour systématiquement politique comme à l'époque des Cyniques, mais la relève pourrait encore nous surprendre…

La fracture est survenue après le référendum de 1980, alors que plus personne ne voulait entendre parler de politique. Par coïncidence, c'est à cette époque que sont nées les soirées *Les lundis des Ha Ha !* avec Ding et Dong et l'avènement de l'humour absurde. La donne venait de changer. Sans que personne ne déploie d'efforts en ce sens. C'est juste *arrivé.*

Ces soirées ont permis de faire connaître plusieurs humoristes de cette nouvelle vague, dont Daniel Lemire, Michel Barrette, Michel Courtemanche et Lise Dion, pour ne nommer que ceux-là. Parallèlement, on a vu apparaître le festival Juste pour rire et l'École nationale de l'humour. Ce qui aurait pu rester de l'humour politique a définitivement pris le bord.

Maintenant, les comiques sont légion, et notre relève est pleine de talents. Les humoristes honorent plusieurs styles et dans un même numéro, ils peuvent nous surprendre avec un bout de monologue, un bout de stand-up et des bouts où ils jouent des personnages. Les numéros sont moins linéaires et plus hybrides. Bref, l'offre s'est accrue autant qu'elle s'est affinée.

Sauf que, pendant ce temps, la population n'a pas augmenté au même rythme… Autrefois, il y avait un prêtre par famille ; de nos jours, il est plus fréquent de trouver un humoriste par famille.

Géographie 101 et fossé générationnel

Si vous désirez faire carrière en humour et gagner suffisamment de sous pour au moins payer votre loyer, vous ne pourrez pas cibler uniquement les bars et les clubs de votre localité. Même si vous habitez dans un grand centre comme Québec, Montréal, Sherbrooke ou Gatineau.

Vous devrez tourner en région, avec tous les risques que ça comporte (et on ne parle pas de collisions avec des chevreuils, ici !).

Tel qu'on l'a expliqué dans un chapitre précédent (non, on se souvient pas duquel, vous irez voir vous-même), c'est important d'adapter son matériel au public de la région où on se trouve. Ce qui veut dire faire un peu de recherche AVANT de partir sur la route. Par exemple, votre agent vous a « booké » une tournée sur la Côte-Nord. Pouvez-vous nous dire, vite de même :

1. quelle est la ville la plus importante de cette région ?
2. quel est l'âge moyen de ses habitants ?
3. quelles industries s'y retrouvent en majorité ?
4. s'il y a un cégep ou une université dans cette ville ?
5. votre spectacle, vous allez le donner dans un bar branché au centre-ville, un motel *cheap* le long de l'autoroute ou une salle réservée à cette fin dans le plus gros hôtel du coin ?

1. Sept-Îles
2. 42 ans
3. L'industrie minière
4. Oui
5. On vous souhaite bonne chance…

Pas besoin de vous dire que vous devrez adapter votre matériel en conséquence. Ce qui veut dire tenir compte des particularités de la région où vous vous produirez. Par exemple, votre gag tourne autour d'une fille rencontrée dans un bar qui a connu des jours meilleurs : à Montréal, ça se passe à La Boom, à Laval, au Lovers, à Québec, au Dagobert, et ainsi de suite. En mentionnant un endroit que tous peuvent identifier et qui est géographiquement spécifique, vous pourrez immédiatement établir un lien privilégié avec le public. Retournez voir la section sur le référent à la page 62. De la même façon, une blague qui inclut Denis Coderre à Montréal sera modifiée pour mettre en scène Jean Là-Là Tremblay à Saguenay ou Régis Labeaume à Québec. Ou alors, laissez-la tomber complètement. Sinon, c'est vous qui allez vous planter solide.

Par contre, au fil de votre carrière, vous en viendrez peut-être à remarquer que même sans référent précis, certains gags fonctionnent mieux dans certaines régions. Par exemple, les blagues de belles-mères vont faire lever la salle en Abitibi, mais pas au Saguenay, ou les histoires de char feront fureur à Gatineau, mais pas en Gaspésie (on invente ici, prenez pas ça pour du *cash*). Sauf que cet aspect est imprévisible, et à moins d'en être informé par un collègue d'expérience et qui l'a appris à ses dépens, ça vous prendra une bonne dose d'essai-erreur avant de savoir comment élaborer l'ordre des blagues dans votre numéro (votre *set list*) en conséquence.

Ça vaut aussi pour les sujets qui s'adressent à un public d'un certain âge, pour ne pas dire un âge certain. Vous ne pourrez pas servir les mêmes blagues à un groupe de baby-boomers qu'à de jeunes universitaires. Bien évidemment, on parle ici de cas assez spécifiques, mais vous comprenez ce qu'on veut dire. Le message qu'on essaie de vous transmettre : faites vos devoirs.

Réceptivité des spectateurs

D'autres éléments doivent aussi être pris en considération au moment de monter votre numéro. Ça peut sembler terre-à-terre et même carrément inutile, mais dans les faits, c'est essentiel.

Public de bar

À moins d'avoir une vaste expérience de la scène, c'est important d'arpenter les lieux où vous allez vous produire AVANT que les spectateurs ne soient admis, si c'est possible. Même si on vous fournit des photos, y a rien comme une expédition de « reconnaissance » des lieux pour vous donner une idée de la logistique. Où serez-vous placé, par rapport au public? Si c'est un bar, est-ce qu'il y a des tables de *pool*? Si oui, est-ce que les gens vont pouvoir continuer à jouer pendant votre numéro? (Ben oui, ça arrive.) À quelle distance serez-vous du comptoir? Est-ce que la préparation des boissons risque d'être assez bruyante pour couvrir votre voix? Est-ce que les serveurs vont continuer à circuler pendant votre performance? Passer devant vous et bloquer la vue des spectateurs? Est-ce qu'il y aura d'autres sources de distraction? Serez-vous éclairé par un seul projecteur ou pas éclairé du tout? Est-ce qu'on a besoin de vous dire que, si vous utilisez un micro, ce n'est pas un luxe de faire un test de son? (Riez pas: dans l'excitation du moment, ça arrive qu'on oublie.)

Notre but n'est pas de vous donner la frousse, mais simplement de vous aider à vous préparer au pire…

À lire absolument: *Dure soirée: histoires vraies et autres humiliations*, par François Morency, Éditions de l'Homme, 2012.

Alors si ça s'enligne pour être une soirée bruyante avec un public peu réceptif (lire : les gens sont venus au bar où prendre un verre, pas nécessairement pour vous), concentrez-vous sur ceux qui écoutent – indice : il y a de bonnes chances que ce soit ceux assis le plus près de vous – et faites abstraction du reste. Ça fait partie de la *game*, et c'est un passage obligé. Voyez ça comme un badge de plus à votre actif.

> ***« Parfois, dans les bars, c'est comme jouer dans une garderie : on ne fait pas notre travail, car on est trop occupé à faire taire le monde ! »***
>
> – MAUDE LANDRY

Le bon côté des numéros dans les bars, c'est la possibilité de tester du nouveau matériel. Généralement, vous ne serez pas rémunéré, mais à ce jour c'est considéré comme la meilleure façon de roder vos blagues. Autre avantage : c'est la place où repousser vos limites. Vous le croirez peut-être pas, mais pour attirer l'attention et obtenir l'écoute des habitués des bars, vous aurez probablement besoin de flirter avec la vulgarité et de vous créer un répertoire de blagues un peu cochonnes. Pas nécessaire de vous expliquer que rendu à 1 h du matin, l'alcool aidant, ce n'est pas le moment de sortir vos gags les plus intellos, mettons.

Public de grande salle

L'humour est un métier qui s'apprend sur les planches. Une fois que vous aurez survécu à des spectacles difficiles dans les bars – parce que, oui, on finit tous par s'en remettre –, vous n'aurez plus peur de rien. Ayant fait beaucoup de bars et gagné en confiance et en métier, vous serez prêt pour de plus grandes salles. La tentation sera forte de continuer avec le même matériel, mais ce serait une grave erreur : il vous faudra plutôt pédaler à reculons et réviser votre numéro de fond en comble. (Ben oui ! encore de l'ouvrage !)

Pourquoi ? Si ça marche dans un bar, ça va marcher en grande salle, non ? En fait, le danger ici est que votre numéro se soit trop adapté au public de bars, donc passablement vulgaire. Oui, certains humoristes ont fait leur marque avec du matériel salé, mais avant d'être connu – et reconnu – pour ce genre, quand vient le temps de présenter un numéro dans les grandes salles, c'est important d'avoir quelque chose de *clean* qui s'adresse à monsieur et madame Tout-le-monde. Ça peut être un peu plus *crunchy* que pour la télévision puisque les spectacles en salle se font quand même devant un public averti, mais il faut éviter de trop pousser. Donc, dessaler les blagues et descendre la dose d'une ou deux coches.

Pour une audition

Ici encore, vous devrez faire un travail de recherche et vous interroger sérieusement pour comprendre à qui vous vous adressez.

Supposons que vous décidez de tenter votre chance pour l'École nationale de l'humour. Premier constat : évitez les sacres et le sexe (parler de sexe n'est pas si mal, mais les « jokes de cul » vulgaires ne passeront pas). Autre considération : votre prestation – d'une durée de cinq minutes – doit servir à montrer votre talent, en faisant abstraction de ce qui vous a amené à cette audition, justement. Donc, votre parcours, votre motivation, vos aspirations, etc., vous gardez ça pour le segment « entrevue ». Ne mélangez pas les deux. C'est contre-productif. Les juges veulent constater que vous êtes drôle et non pas que c'est votre rêve depuis toujours. La partie numéro peut parler un peu de vous, avec le *persona* que vous vous serez créé (retournez voir le chapitre « Qui es-tu ? », si nécessaire), mais contenir exclusivement des blagues et des punchs.

Tout ce qu'on vient de vous révéler dans le paragraphe précédent s'applique à TOUS les types d'auditions – que ce soit pour être admis à un cours de spécialisation contingenté, pour voir votre numéro inscrit à la programmation d'un festival, pour une pub commerciale ou pour un rôle au cinéma. Montrez votre *persona* drôle en fonction de ce qu'on attend de vous pour le contrat ou le rôle qui vous sera offert, le cas échéant. Laissez au vestiaire votre côté désespéré qui désire ardemment ce contrat ou ce rôle. Tout le monde le sait que vous le voulez, sinon vous ne vous seriez pas dérangé…

Le danger de se cantonner dans un personnage

Tout le monde connaît et (presque tout le monde) aime Patrice Lemieux, Roland Hi ! Ha ! Tremblay et les Denis Drolet. Et lorsque le public achète des billets pour aller les voir, ils savent exactement à quoi s'attendre. C'est pour ça qu'ils viennent. Si l'humoriste décide de changer de peau sans crier gare, les gens seront déçus, et ça peut avoir des conséquences fatales.

Dans un sens, si un personnage connaît un excellent succès, c'est bien tant mieux. Sauf que l'humoriste qui l'interprète prend le risque de ne jamais pouvoir se débarrasser de cette seconde peau. Comme on vient de le mentionner, Hi ! Ha ! Tremblay a connu son heure de gloire (qui a duré « le temps d'une dinde », mais « 25 ans, minimum ! »), sauf que son géniteur, Michel Barrette, a dû travailler d'arrache-pied afin de pouvoir passer à autre chose et savourer aujourd'hui un succès tout aussi considérable en tant qu'humoriste, monologuiste et comme animateur et acteur.

Récemment, Daniel Savoie a annoncé que Patrice Lemieux allait accrocher ses patins. L'avenir nous dira combien de temps il lui faudra pour nous faire aimer un autre personnage, ou comment il arrivera à nous présenter son nouveau *persona* de scène.

C'est pourquoi la tendance actuelle est de multiplier les personnages et, ainsi, de ratisser plus large. Par exemple, Daniel Lemire a développé l'Oncle Georges, Ronnie et le crooner Alain Bélisle (Béscile) en parallèle, Réal Béland interchange son ado et Monsieur Latreille, et Katherine Levac ne se limite pas à Paidge Beaulieu, mais interprète plusieurs autres personnages en plus de son *persona* propre.

Tout ça pour dire que, oui, connaître un franc succès avec un personnage fort peut être avantageux à court terme, mais coûteux à la longue.

Par où... on commence?

Les formations et autres écoles

L'école nationale de l'humour

Ben non, on ne pouvait pas passer à côté.

Depuis sa fondation en 1988, l'ÉNH (vous nous excuserez d'abrévier[5]) a formé des humoristes comme François Massicotte, Mario Jean et Claudine Mercier, en plus de s'offrir des « 2 pour 1 » en accouchant de Ben et Jarrod, les Grandes Gueules, Dominic et Martin, et plusieurs autres. Cerises sur le *banana split*: les Mecs comiques (Jean-François Baril, Louis Morrisette et Alex Perron) et les Chick'n Swell (Daniel Grenier, Francis Cloutier et Ghyslain Dufresne), parce que si un c'est bien, mais deux c'est mieux... trois, c'est extra!

L'éventail des formations offertes par l'École va des cours récréatifs visant à tâter le terrain pour ceux qui veulent simplement se tremper les orteils, au programme officiel de deux ans qui tord ses étudiants dans tous les sens pour les transformer en humoristes – donc destiné à ceux qui n'ont pas peur de plonger

---

5. Abrévier: verbe qu'on vient d'inventer, signifiant « faire une abréviation ». N'existe pas dans un vrai dictionnaire.

tête première dans la partie profonde – en passant par les cours de perfectionnement en scénarisation de série télé.

LES COURS RÉCRÉATIFS

Façon plus *fancy* de dire « cours du soir ». Parce que, comme toute bonne école qui se respecte, l'ÉNH offre des cours à la carte. Pour le monde qui ont une vie et d'autres obligations du lundi au vendredi de 9 à 5. Les cours récréatifs ratissent large et font office d'amuse-gueules en amenant leurs participants à goûter à certains aspects de l'humour, mais en doses mesurées, pour leur donner envie de revenir en chercher plus. Sont snoreaux de même, à l'ÉNH…

Les sujets varient, allant de « L'ABC de l'écriture humoristique » à « Comédie physique » ou « Présentation de numéros » et « Écriture télé et sitcom ». Pour n'en mentionner que quelques-uns. Pour vous éviter une indigestion, certains cours sont construits en parties I et II, histoire de vous mettre l'eau à la bouche tout en vous laissant sur votre appétit.

Aucune expérience préalable nécessaire, aucune audition à passer. Les participants y vont par curiosité, par intérêt, pour expérimenter ou pour changer d'air. Mais jamais à reculons, on peut vous le garantir. Et puis, c'est déductible d'impôts.

LES PROGRAMMES CRÉATION HUMORISTIQUE ET ÉCRITURE HUMORISTIQUE

On rentre ici dans les ligues majeures. Limités à de petits groupes, ces programmes s'échelonnent sur deux ans à temps plein pour le programme de Création, ou trois sessions à temps plein pour le programme Écriture.

Dans les deux cas, il faut vendre son âme au diable… euh… passer une audition pour y être admis.

Création humoristique

On y admet une douzaine de candidats chaque année.

Le programme Création ne fera pas de vous un humoriste à succès – ça requiert du travail et de la répétition obstinée –, mais il va vous enseigner comment vous y prendre. Comme nous, mais en concret. En plus de l'écriture avec laquelle on vous rebat les oreilles depuis le début de ces pages, le programme de création est LA formation indiquée pour qui veut faire carrière en humour. Sans compter que c'est unique au monde. Maudite gang de chanceux, nous autres Québécois.

Donc, écriture, oui, mais aussi développement de la créativité, techniques d'improvisation, jeu sur scène, projection de la voix, mouvement, etc. En somme, vachement mieux que ce qu'on peut-faire avec notre livre. Surtout, en vous faisant autrement suer. Pas suffisant de lire les exercices qu'on vous propose, puis de griffonner quelques mots sur un bout de papier : ils vont vous demander d'écrire, puis de monter et enfin de présenter un numéro. Le cours se termine par une tournée d'une trentaine de villes au Québec et dans les autres provinces où on parle français (oui, il y en a).

Comme on vous l'avait déjà expliqué, on ne devient pas humoriste du jour au lendemain. La preuve, l'École vous demande deux ans à temps plein.

Écriture humoristique

On y admet huit à douze candidats chaque année, dépendant du niveau des candidatures.

Pour sa part, le programme Écriture touche à différents aspects tels que la scène, la radio, la télévision, le Web, les imprimés, etc., en mettant l'accent sur les particularités de chacun. Exactement comme ce livre, mais en vrai. De plus, on le répète, en trois sessions (c'est-à-dire un an dans le calendrier de votre vie) au lieu de nos maigres 240 pages… L'ÉNH offre des stages formidables à la fin du cours dans des organismes de télé, radio ou des galas.

Les professeurs sont des professionnels du milieu de l'humour, et les contacts avec ces gens-là sont précieux pour ouvrir des portes en début de carrière. Pour continuer avec le *name dropping*, on ajoute que François Avard était le prof de Louis-José Houde et de Martin Matte avant de devenir un de leurs collaborateurs. Comme quoi *toutte* est dans *toutte*.

Perfectionnement en scénarisation

Ça dit ce que ça veut dire. Si vous ne comprenez pas, y a des chances que ce soit pas pour vous. Mais au cas où, on peut préciser que l'ÉNH offre des ateliers de perfectionnement aux scénaristes professionnels pour développer et affiner leur côté humoristique. L'ÉNH donne également des ateliers aux membres de l'Union des artistes (UDA), ainsi qu'à la Société des auteurs de radio, télévision et cinéma (SARTEC). Et certains osent encore dire que l'humour n'est pas un art…

> AVERTISSEMENT II : relent de montée de lait

Dans tous ces cas, pour en savoir plus, allez donc faire un tour dans la section « Liste des ressources », en page 221, pour les coordonnées de l'ÉNH. Sinon, Google aussi peut vous y mener.

LES ATELIERS DANIELLE FICHAUD

Réputée dans le milieu du théâtre, Danielle Fichaud offre une belle brochette de cours aux acteurs professionnels et débutants. En plus des bases telles que la diction et le jeu à la caméra, l'éventail des formations proposées comprend aussi des volets comme la conception de personnages, la comédie, l'improvisation et même un *Spécial humoristes*. Une des auteures de ce livre l'a suivi et le recommande chaudement.

MANHATTAN COMEDY SCHOOL

Vous êtes fort en anglais ? Vous avez du temps et de l'argent pour couvrir vos frais ? Vous pourriez songer à vous offrir le summum des formations en humour à moins de cinq heures de route du Québec (à condition de vivre pas trop loin des lignes, on s'entend).

À la manière d'un baptême par le feu, le programme de six cours en six semaines (c'est bref, mais intense) force… euh… motive… euh… encourage les étudiants à monter et à présenter un numéro CHAQUE SEMAINE. Oui, en théorie, vous pourriez en revenir avec suffisamment de matériel éprouvé et commenté par les instructeurs et les pairs, que vous pourriez par la suite adapter pour le public québécois. Et une copie de vos performances sur DVD comprise dans le forfait. Ça peut toujours être pratique.

HUMBER COLLEGE, TORONTO

Semblable à l'ÉNH, mais à Toronto. Un peu plus loin, mais pas autant que New York. Surtout, pas besoin de passeport ni de permis de port d'arme. Les cours offerts incluent l'écriture de sketch et de stand-up, les techniques de jeu, la voix et la diction, etc.

Le programme s'échelonne sur quatre semestres et prévoit des performances hebdomadaires aux Yuk Yuk's Comedy Club et The Comedy Bar.

SECOND CITY TV (SCTV), CHICAGO – TORONTO – HOLLYWOOD ET… CHEZ VOUS

Un peu comme en haut, mais ailleurs. Précurseur du fameux *Saturday Night Live*, SCTV allie les *comedy clubs*, les ligues d'impro, les ateliers d'écriture et de jeu, et enseigne les méthodes propres aux différents styles d'humour sur scène. Parmi leurs diplômés, on compte les Mike Myers, Bill Murray, Dan Aykroyd, Jim Belushi, John Candy, Steve Colbert et Tina Fey, entre autres (mentionnons que Virginie Fortin s'est tapé les formations à Chicago ET à Toronto – *in English*, c'est pas des farces !)

De plus, l'organisation offre une variété de cours en ligne tels l'écriture de sketches, l'élaboration de personnages, les séries télé et même les chansons humoristiques. Tout comme ce livre, mais en ligne. Et en anglais. Et probablement plus cher. Mais qui se glisse moins bien dans un sac.

COACHING PRIVÉ

Le monde de l'humour est petit. Le réseautage est facile à faire. Si vous avez le culot de communiquer avec un prof ou un humoriste qui vous allume, il est toujours possible de retenir les services d'un professionnel qui offre du *coaching* aux débutants.

L'autodidactisme

L'ÉNH a été créée pour offrir aux humoristes et aux scripteurs un laboratoire pour développer leur talent. Comme on l'a déjà évoqué, à une époque pas si lointaine, il n'y avait pas de *comedy clubs* au Québec. Sauf que, ces dernières années, les choses ont beaucoup changé. De nos jours, à Montréal seulement, il y a tellement de bars qui offrent des soirées d'humour ou des *open mic* qu'on peut se retrouver à jouer trois fois le même soir (c'est la grâce que l'on vous souhaite).

Cependant, comme c'est un métier qui s'apprend sur les planches, c'est en jouant souvent que vous pourrez rapidement acquérir le bagage nécessaire et développer votre talent de façon exponentielle. À titre d'exemple, c'est ce qu'a fait Sugar Sammy au Comedy Zone, dans le temps.

Pour vous y aider, il existe une multitude de livres sur l'humour. Mais sont tous en anglais, parzempe. En anglais américain, en plus. Et adapté à la réalité de nos voisins du sud, malheureusement.

Puis, quelqu'un a eu cette brillante idée d'un manuel *Made in Quebec* et reflétant *notre* monde de l'humour. Et c'est ainsi qu'est né *Écrire l'humour, c'est pas des farces !* qui, s'inscrivant dans cette même veine, peut au moins vous permettre de comprendre les bases et ce qui s'applique ici.

Donc, même si l'ÉNH vous tente, elle n'est pas essentielle dans votre plan de carrière. Contrairement aux médecins et aux avocats, aucun diplôme n'est requis pour pratiquer l'humour. Il vous faut juste avoir le désir et la détermination de faire rire.

LES ESSAIS-ERREURS

Au risque de nous répéter, l'humour – ou plutôt un numéro – évolue en mode essai-erreur. Vous, comme débutant, au même titre que les professionnels, écrivez des gags sur votre ordinateur en espérant qu'ils fonctionnent devant le public. C'est lui qui décidera si c'est drôle ou pas, car c'est lui qui a le dernier mot. Parfois, cependant, une blague peut être récupérée ou améliorée en changeant l'emplacement des verbes ou encore la sonorité, en modifiant le punch ou l'intonation et la mimique. Nous vous recommandons d'essayer au moins trois fois un gag avant de le jeter à la poubelle.

PARTICIPER À UNE COLLABORATION

Si vous avez présenté quelques spectacles dans des bars ou des soirées d'humour, il y a de fortes chances que vous vous soyez fait des tas de nouveaux petits amis (on vous l'avait dit que ça ressemblait à l'école, non ?)

C'est alors que ça devient intéressant de monter une équipe pour échanger, « brainstormer », se motiver, ou encore aller noyer sa peine après une performance ratée.

Les collaborations peuvent prendre plusieurs formes, que ce soit une relation ponctuelle pour un projet court, mais intense (comme un *one-night stand*, mettons) ou encore pour quelque chose qui s'établit à long terme pour devenir un duo à succès (exactement comme le mariage). Eh oui, en humour comme en amour, les « relations de couple » ont leurs hauts et leurs bas. Certains s'embarquent sans être prêts, d'autres ont une peur maladive de l'attachement. On peut se déchirer dans un douloureux divorce ou encore se séparer à l'amiable.

> ***« Les gens se lassent d'un produit très rapidement. Pour demeurer dans l'œil du public, il faut participer à de nombreux projets et se renouveler constamment. »***
>
> – MEHDI BOUSAIDAN

Peu importe votre façon de faire, ce qui est à retenir, c'est que vous apprendrez assurément plein de choses, autant sur vous-même que sur le monde de l'humour, et que vous allez en sortir grandi. Remarquez que vous pouvez aussi faire vœu de célibat et continuer de faire votre petite affaire par vous-même. Avouez par contre que c'est beaucoup moins amusant.

Pis après ?

Ça fait que…

Supposons que vous avez acheté ce livre parce que vous vouliez en apprendre plus sur le monde de l'humour et comment y avoir accès… *Check !*

Ou que vous aviez des ambitions d'humoriste, mais vous ne saviez pas par où commencer… *Check !*

Peut-être que vous étiez déjà un auteur dans un genre qui n'avait pas du tout rapport (par exemple, la poésie post-existentialiste engagée et expérimentale), mais que vous vouliez réorienter votre type d'écriture et apprendre comment injecter de l'humour dans vos textes… *Check !*

Peu importe vos raisons, vous avez, grâce à nos judicieux conseils, probablement retenu plein de nouvelles choses et – on l'espère – utilisé les nombreux outils qu'on vous a fournis, tel qu'on vous pousse à le faire depuis le début.

Bref, vous avez fait des progrès. Bravo !

En supposant que vous ayez monté un numéro, et que vous vous soyez risqué à le présenter dans une soirée et un endroit exprès pour ça… Ou que vous ayez commencé à développer un script pour une future comédie et que ça ait pris une forme intéressante… Maintenant, vous faites quoi ?

On ne vous avait pas fait de fausses promesses, et à présent vous êtes en mesure de le constater : comme partout ailleurs, il n'y a pas de recette miracle. Mais vous avez déjà accompli le plus gros du travail parce que, contrairement à plusieurs autres, vous avez au moins *commencé*. Il y a – on ne vous apprend rien – beaucoup de « grands parleurs, petits faiseurs » dans le monde. Et ça vaut aussi pour le monde de l'humour.

La glace est brisée

Vous avez eu votre baptême par le feu ? Autrement dit, vous avez présenté un numéro devant un groupe de gens qui ne vous connaissaient pas. Parce que c'est le facteur le plus important ici et que, non, la famille et les amis, ça compte pas. En toute honnêteté et surtout si vous avez pris soin de vous enregistrer, vous devriez avoir une bonne idée du succès que votre matériel a obtenu.

Plusieurs options s'offrent maintenant à vous :

1. Surfer sur votre succès phénoménal et organiser votre première tournée à travers la province (ben non, on vous niaise !) ;
2. Monter un second numéro, dérivé du premier, parce que vous sentez que vous avez tapé un filon intéressant et que vous êtes dans la bonne direction ;
3. Reprendre votre numéro tel qu'il est, parce que vous avez un bon *feeling*, et le présenter à un auditoire différent pour prouver que vous êtes bien parti ;
4. Retravailler votre numéro pour aplanir les petits cahots (autrement dit, les bouttes qui sont tombés à plat) ;
5. Tout refondre de A à Z parce que ça a vraiment pas levé.

Ou une combinaison de ces éléments. En répétant les items 1 à 5 dans l'ordre ou dans le désordre, selon ce que vous dicte votre instinct (ou le spectateur soûl assis dans le fond qui arrêtait pas de vous interrompre). On pourrait aussi ajouter : « 6 – tout laisser tomber et ne plus jamais recommencer », mais c'est pas une option. Du moins, pas à ce stade-ci.

Sauf que… même si vous êtes probablement « plutôt satisfait » de cette première performance – parce, yé !, vous avez montré que vous étiez capable –, elle vous permettra de constater qu'il vous manque quelque chose de crucial que nous ne pouvons pas vous apporter dans ces simples pages : le *feedback* objectif.

Oui, les gens ont ri. Oui, d'autres gags ont moins bien marché. Oui, vous savez quoi faire pour rectifier le tir. Ce serait le fun si vous pouviez avoir un diplôme, un bulletin ou un compte rendu détaillé décortiquant votre numéro morceau par morceau. Sauf que ça existe pas, malheureusement.

Vous pouvez, si l'envie de poursuivre vous démange encore, recommencer le processus et présenter un numéro, puis un autre, et un autre. Avec un peu de chance, vous aurez peut-être des invitations de la part de gens qui organisent des soirées d'humour, ont vu votre numéro, et trouvent que ça vaut la peine de vous inclure dans leur *line-up*.

Mais même si vous poursuivez sur cette lancée – et que vous parvenez à atteindre une certaine notoriété –, il viendra probablement un moment où vous allez plafonner. Ça arrive à tout le monde. Pas de honte à ça, bien au contraire. Fort de l'expérience que vous aurez accumulée, vous comprendrez alors que c'est le temps de vous soumettre à une petite session de perfectionnement.

« Pas de changement, pas d'agrément ! »

La scène, la télé, le Web… On vous a déjà expliqué que les plateformes sont multiples. Si vous aviez oublié, retournez au chapitre « Où ? ».

Du moment que vous savez écrire une blague qui punche et que vous avez fait vos preuves à ce niveau, rien ne vous empêche d'aller appliquer votre talent ailleurs : changez de médium, papillonnez, découvrez les multiples façons de servir l'humour.

On vous entend déjà protester « mais j'ai jamais fait ça, une capsule Web » (ou un sketch de vaudeville, ou une pub de soupe aux tomates). Mais rappelez-vous que, il n'y a pas si longtemps, vous n'aviez encore jamais écrit d'humour dans sa forme la plus basique. Quitte à retourner sur les bancs d'école (voir ci-haut), étirez vos neurones, sortez de votre zone de confort, et faites juste *essayer.* Comme avec tout le reste, l'appétit vient en mangeant.

Oui, il y a de ces gens qui se contenteraient de manger du spaghetti tous les soirs de la semaine. Mais vous savez bien ce qu'ils manquent, non ? Eh bien, ça vaut aussi pour l'humour. Faites juste y goûter. Une toute petite bouchée. Pas pour faire plaisir à maman, mais pour *vous* faire plaisir. Vous nous en donnerez des nouvelles.

Humour 2.0

Lorsque vous aurez passé le niveau « débutant », plusieurs options s'offrent à vous, visant à vous donner cette toute petite poussée (ou une grosse claque, tout dépendant de vos besoins) vous permettant de consolider vos acquis tout en ouvrant la porte à de nouvelles possibilités (oui, on sait, ça sonne comme une promo pour vous inviter à retourner à l'école, et vous n'êtes pas très loin de la réalité). Même les pros en apprennent tous les jours. Mais dites-vous que quoi que vos fassiez, tous les chemins mènent à Rome. Ici, Rome peut être une prestation dans un festival, un spectacle solo, un *show* télé, une série Web, *you name it.*

Concevoir un *show* solo

Ça fait un moment que vous roulez, vous avez plusieurs bons numéros et vous êtes considéré par plusieurs comme une étoile montante – ou alors personne ne vous connaît et, comme vous avez un front de bœuf, vous voulez surprendre en proposant un spectacle complet. Tout se peut.

Il n'y a pas si longtemps, on n'avait qu'à mettre une affiche et les spectateurs se pointaient. Mais le milieu a bien changé depuis. Dans notre monde d'aujourd'hui, c'est tout un art d'attirer les foules. Si vous avez beaucoup d'amis dans votre vraie vie et autant d'amis Facebook, vous pourrez peut-être vous en tirer. Règle générale, la diffusion est coordonnée par une équipe ou une agence. Ce qui est très onéreux. Idéalement, il faudrait que vous soyez très *hot* pour qu'une agence investisse pas loin de 200 000 $ dans la promo, la location de salle, la rémunération des techniciens, les camions de tournée, votre cachet et les droits d'auteurs pour vos collaborateurs, s'il y a lieu. À moins que vous n'ayez hérité de votre vieil oncle millionnaire récemment ?

Ne vous découragez pas tout de suite ! Il y a des solutions. En effet, plusieurs humoristes entreprennent leur premier solo ou s'unissent pour faire un *show* à ZooFest, le petit frère de Juste pour rire. Certains, comme Rosalie Vaillancourt, Jay Du Temple, Mélanie Ghanimé et Mélanie Couture, pour ne citer que ceux-là, se sont servis de ce festival pour roder leur spectacle, inviter les journalistes à les découvrir et faire monter la rumeur jusqu'aux oreilles des producteurs. C'est beaucoup moins risqué et c'est une manière d'attirer les décideurs pour leur montrer ce que vous avez dans le ventre.

Savoir s'entourer

Après avoir triomphé à ZooFest et performé avec brio dans différents galas des festivals les plus connus, vous faites maintenant partie d'une agence qui s'occupe de votre carrière. De concert avec votre gérant (allez voir le chapitre « Combien ? », page 183, pour savoir de qui on parle), vous décidez d'aller de l'avant pour un *show* solo avec une tournée partout au Québec (visez haut, pourquoi pas ?) Vous êtes excité comme une puce et vous plongez dans cette aventure exaltante. Mais le travail ne fait que commencer.

Vous vous mettez à noter les thèmes qui vous trottaient dans la tête depuis un moment. Pour un premier *show*, vous aviez déjà des numéros qui fonctionnent, mais pour un deuxième spectacle, ça vous prend du flambant neuf. Il faut tout écrire, ce qui peut demander de six mois à un an et demi, selon le temps que vous avez, à définir vos thèmes et à jeter sur papier les grandes lignes des numéros. Une fois cette base établie, vous allez, avec votre gérant, assembler une équipe imposante avec un metteur en scène, un script éditeur, des auteurs (s'il y a lieu) et des techniciens. L'important, ici, c'est de vous entourer de gens en qui vous avez confiance, en l'occurrence des humoristes-amis et des professionnels que vous estimez. Donc pas (ou peu) de place pour les gérants d'estrade, même ceux pleins de bonnes intentions.

Le travail d'équipe commence. Après avoir écrit les numéros, d'abord seul, vous avez des rencontres fréquentes avec votre script éditeur et votre metteur en scène pour des séances de *brainstorm* et d'improvisation. Chaque fois, le matériel et les *punchs* sont trouvés, évalués pour leur potentiel comique, changés ou ajustés. Une fois l'écriture terminée et les textes mémorisés, l'étape de la mise en scène peut commencer.

C'est ici que vous allez peut-être penser « mise en scène = théâtre ». Et vous n'aurez pas tort, mais ce n'est pas que pour le théâtre. Pour un spectacle d'humour, la mise en scène est tout aussi importante, même si elle est moins visible. C'est l'apport du metteur en scène qui bonifie vos numéros et donne le ton. Il est l'œil extérieur, le premier public.

Vous vous isolez donc pendant un certain temps avec votre metteur en scène, de préférence dans un endroit où vous ne serez pas dérangés. Les auteures de ce livre vous recommandent les couvents et les monastères – tranquillité assurée et divertissements limités. C'est le moment de répéter et de tester diverses facettes du jeu, de l'interprétation et des déplacements (parce que, oui, vous allez bouger sur scène). Le metteur en scène aidera à faire ressortir les *punchs* et sera (on espère) honnête avec ce qui marche et ce qui fonctionne moins bien. Il pourra modifier l'ordre des numéros et donner une courbe dramatique à l'ensemble, définir le fil conducteur du spectacle, et trouver le rythme.

Souvent, le script éditeur sera présent à plusieurs de ces rencontres et prendra des notes pour améliorer le texte. Seul ou avec l'équipe, si ce n'est déjà fait, vous songerez au titre et déciderez si le spectacle d'environ 90 minutes sera conçu avec ou sans entracte, et vous réglerez les questions de décor, d'éclairage.

Avec le producteur, il faut penser à la tournée : le marketing, la promotion, les coûts de transport, le montage/démontage, l'hébergement, etc. Généralement, les décors en humour sont minimalistes, car le spectacle voyage beaucoup.

Metteur en scène : C'est l'organisateur et le responsable de la mise en scène d'une œuvre, c'est-à-dire de tous les éléments qui composent le spectacle : jeu, rythmes, espaces, décors, éclairages, etc.
Script éditeur : C'est l'œil extérieur, le premier public. Il a le premier commentaire et le dernier mot sur le texte, car c'est le chef scripteur.

Le rodage

Une fois que tout est décidé, que vous vous sentez en confiance avec le spectacle, c'est la période de rodage qui commence et vous partez sur la route, en compagnie de l'équipe, ou à tout le moins du metteur en scène et du script éditeur. Généralement, cette étape se fait en dehors de Montréal, afin d'éviter les intrus ou les journalistes qui pourraient avoir des commentaires défavorables avant que le spectacle soit prêt. Parce que les grands médias n'enverront personne assister à votre spectacle en région, et un article dans un journal local, même négatif, aura un impact limité.

La période de rodage peut nécessiter de 10 à 40 représentations. Soir après soir, on filme la performance et on se réunit par la suite pour évaluer les bons et les moins bons moments en observant la réaction du public, puis modifier le jeu et les textes en conséquence.

> ***« Normalement, les spectacles d'humour sont scriptés à la virgule près, alors qu'en rodage il y a une légèreté sur scène. Je m'en permets, j'improvise, j'écris sur scène. C'est comme si tu étais habillé propre, mais que tu avais le droit de ne pas mettre ta cravate, disons. »***
>
> – PATRICK GROULX

Le rodage est essentiel pour plusieurs raisons. Premièrement, c'est le public qui décide et c'est avec lui que vous pouvez voir ce qui fonctionne. Selon sa réponse, certains numéros devront être complètement retirés. N'oubliez jamais que le spectacle doit être rendu à son meilleur le soir de la première : à ce stade, une mauvaise critique pourrait tuer le *show* et vous ne pourrez plus faire marche arrière. Bien que les tournées soient de plus en plus courtes, vous voulez au moins que la vôtre s'échelonne sur un ou deux ans afin de faire vos frais.

Pendant le rodage, c'est aussi le temps de publier sur les réseaux sociaux et d'accorder des entrevues radio, télé et journaux pour mousser la vente de billets et créer un buzz avant la première.

Finalement, le grand soir de la première arrive. Le moment tant attendu, qui fait que vous passez le test auprès des gens du milieu et de parfaits inconnus, ainsi que de votre famille et vos amis, qui ne vous ont probablement pas vu depuis longtemps. Après une nuit sans dormir, avec d'horribles crampes dans le ventre ou le dos barré par la peur de ce que les médias vont dire – parce qu'on s'entend que c'est ici que ça passe ou ça casse –, vous et votre équipe serez aux aguets dès les premières lueurs du jour à cliquer « *refresh* » aux cinq minutes pour voir si les critiques sont publiées.

> ***« Maintenant, un gros nom ne fait plus vendre un spectacle. Si ton show est pas bon, si ton bouche-à-oreille est pas bon, ça marchera pas même si tu vends beaucoup de pub. Tu dois avoir une proposition intéressante parce que le public a le choix. »***
>
> – LOUIS MORISSETTE

Dithyrambiques ou dévastateurs, les articles influenceront énormément les ventes de billets. Cependant, même porté aux nues, un spectacle peut continuer de changer tout au long d'une tournée. Par crainte de tomber dans la routine, l'humoriste cherchera à inclure des nouveautés à peine perceptibles pour le public, mais qui seront pour lui des petits défis. Il y a toujours moyen d'en rajouter une couche. Rien n'est jamais coulé dans le béton.

Écrire son propre *show* vs écrire pour d'autres (et les diverses combinaisons)

Supposons que vous réussissez avec brio votre premier solo, attirant les foules et les éloges des journalistes, des gérants, des agents et des producteurs. À défaut de pouvoir vous cloner, ces derniers vont s'attendre à ce que vous écriviez un deuxième spectacle le plus rapidement possible. Et ils vont même vous supplier à genoux !

Mais, dans les faits, vous l'avez monté lentement, ce solo. De numéro en numéro, petit à petit. Ça vous a probablement pris

2 ou 3 ans (jusqu'à 10 ans, parfois !) Et on espère que le prochain sera prêt au maximum dans environ 12 mois. Un peu de pression, vous dites ?

C'est alors que l'humoriste que vous êtes devenu décide de s'entourer d'une équipe d'auteurs. C'est une belle occasion pour des créateurs de collaborer, que ce soit pour des *brainstorms* ou carrément pour l'écriture de numéros pour la vedette comique.

La plupart des humoristes connus écrivent une bonne partie de leurs spectacles, ou encore donnent des commandes précises aux auteurs. Ils ont au préalable décidé avec leur gérant ou leur agent des thèmes qu'ils veulent aborder dans leurs numéros, car les salles doivent être réservées au moins un an avant la sortie. Souvent le *show* est annoncé avant même d'être écrit (Chuuuuuuut ! faudrait pas que le public l'apprenne !) Autrement stressant, non ? Raison de plus pour laquelle les bons collaborateurs sont plus que bienvenus, ne serait-ce que pour empêcher l'humoriste de virer fou.

Concevoir un *show* télé ou web

Concevoir un *show* télé ou Web exige une importante somme de travail, mais s'avère beaucoup moins périlleux qu'un spectacle sur scène. Vous avez une bonne idée, une banque de personnages, des comédiens ou des humoristes chevronnés. La prochaine étape sera de vous trouver un producteur.

Mais avant d'aller faire votre *pitch*, vous devez avoir en main une à deux pages décrivant votre projet. Pas nécessaire que ce soit long comme présentation, par contre il faut que ce soit impeccable. Si le producteur est intéressé, vous devrez ensuite lui fournir une bible, c'est-à-dire un synopsis détaillé et une description des personnages ainsi que deux ou trois épisodes dialogués. Alors, tenez-vous prêt à livrer dans de courts délais, sinon le train sera passé.

Tout ça à vos frais, malheureusement. Ne craignez rien : si votre projet est accepté, vous serez bien rémunéré pour vos efforts. Encore faut-il que votre présentation soit sans bavure. On vous fait confiance.

Bible : pour divers types d'écriture (romans, séries télé, etc.), la bible est le document de base qui présente différents aspects de l'œuvre et qui est écrite avant même la rédaction du texte comme tel. La bible devient la référence qui détaille les personnages (leur biographie, leur personnalité, les liens entre eux, leur évolution pendant l'histoire, etc.) en plus de dresser la liste, les résumés et les particularités des chapitres ou épisodes, les informations nécessaires lors du tournage s'il s'agit d'une série télé, etc.

Dans le cas des séries Web, soyez à l'affût des concours auxquels vous pourriez participer. Les annonces sont souvent diffusées sur les réseaux tels que TV5. Pour plus d'information, des organismes tels que la SARTEC offrent des pages de « Foires aux questions » pouvant répondre à vos interrogations. Quand un concours est annoncé, vous devez être prêt à fournir. À votre place, on commencerait à élaborer ça tout de suite. On sait jamais.

Le merveilleux monde de l'humour

Depuis la création du festival Juste pour rire et de l'ÉNH, l'humour est devenu une véritable industrie. Non seulement l'Association des professionnels de l'industrie de l'humour (APIH) parraine le gala Les Olivier, mais elle rassemble également les agences, les producteurs, auteurs, metteurs en scène et bien évidemment les humoristes. On peut trouver les coordonnées de tout ce beau monde sur le site Internet de l'Association. Pour faire ça vite, on vous les a indiquées à la fin du livre. De rien.

Le métier d'humoriste consiste non seulement à écrire des numéros et à les présenter sur scène, mais aussi à savoir se vendre. Pour monter les échelons et vous assurer un avenir fructueux dans ce merveilleux monde de l'humour, vous pouvez bien entendu gérer votre carrière vous-même. La majorité de vos congénères, par contre, ont recours à un agent ou un gérant. Plusieurs agences artistiques se consacrent uniquement à la représentation d'humoristes (voir la liste page 229). Ces agences sont devenues des incontournables si vous voulez monter un spectacle et faire une tournée, participer à un festival, jouer à la télévision ou dans un message publicitaire et faire des soirées corporatives. Bien sûr, certains humoristes font exception en s'occupant de tout eux-mêmes, mais c'est rare.

Un agent ? Un gérant ? Un producteur ?

Un gérant s'implique totalement dans le développement de la carrière et la mise en œuvre des projets pour un artiste.
Un agent négocie les contrats et peut conseiller les humoristes dans les différents choix professionnels.
Un producteur finance ou coordonne le financement d'un spectacle, d'une tournée et d'un événement (spectacle vivant ou télévisuel ou cinématographique).
L'attaché de presse fait la promotion d'un artiste auprès des médias en essayant de convaincre les journalistes de rédiger un article sur ses clients.

Plusieurs de nos lecteurs ne connaissant pas la différence entre un gérant et un agent, faisons ça simple : le gérant développe des projets pour l'artiste (ou, du moins, un nombre limité d'artistes), tandis que l'agent fait généralement partie d'un groupe qui gère la carrière de plusieurs artistes en les conseillant sur les différents choix professionnels. C'est donc dire que le gérant est plus impliqué qu'un agent sur tous les plans. Le plus bel exemple est celui de René Angélil qui ne s'occupait que de Céline.

> ***« Merci à [ma gérante], qui est toujours là pour moi, même quand j'l'appelle à 4h du matin juste pour respirer fort dans le téléphone. »***
>
> – FRANÇOIS BELLEFEUILLE

Vous commencez à comprendre ? Alors vous comprendrez aussi que le cachet sera également différent. Le gérant (surtout s'il est aussi producteur) partage à 50 %-50 % les revenus de l'artiste, alors qu'un agent prendra de 15 % à 20 % des contrats qu'il négocie. C'est proportionnel à la somme de travail investi (on se doutait bien que vous comprendriez mieux une fois qu'on sortirait les chiffres…).

Comment trouver un bon agent et/ou un bon gérant ? Pas compliqué : il suffit d'être si doué qu'ils vous courront après. Effectivement, ces professionnels, comme les dépisteurs au hockey, cherchent toujours les vedettes de demain. Donc, il n'est pas rare de les retrouver parmi le public lors des soirées d'humour. Plus vous vous tiendrez dans les salles ou les bars où il y a des *shows*, plus vous courrez la chance de rencontrer des décideurs. Ce qui ne vous empêche pas de faire les premiers pas en envoyant une invitation à une de vos performances, un démo d'un spectacle ou autre. Cependant, on doit insister ici sur le fait que beaucoup sont appelés et peu sont élus. Vous devez avoir beaucoup de talent si vous débutez ou être devenu un véritable pro qui roule depuis quelques années.

« Rencontrer les* bookers *et les diffuseurs, ça donne l'impression d'être un morceau de thon dans un marché de poisson japonais. »

– MEHDI BOUSAIDAN

Pour sa part, le producteur est celui qui sort les sous pour financer les spectacles et les tournées. Donc, il est important. Outre le contexte télé/Web dont on a parlé trois pages plus haut, l'humoriste qui fait de la scène (festivals, galas) n'interagit que rarement avec le producteur, puisque dans ce dernier cas, l'aspect financement relève de l'agent et du gérant. Vous remarquerez cependant que les blagues visant à rire des producteurs sont pratiquement inexistantes. On vous laisse deviner pourquoi…

Quelques *success stories*

L'humour est un métier risqué, mais qui vaut le coup, car si vous réussissez à vous faire connaître et à avoir du succès, il ouvre les portes à plein de possibilités. Il n'est pas rare de voir des comiques jouer dans des messages publicitaires, dans des *shows* de télé ou sur le Web et au cinéma (au grand dam des comédiens professionnels). La liste des exemples est longue… Patrick Huard (humoriste, scénariste, acteur, réalisateur, producteur), Louis-José Houde (humoriste, acteur, réalisateur), Martin Matte (humoriste, scénariste, acteur), Lise Dion (humoriste, auteure, actrice) Louis Morissette (humoriste, scénariste, acteur, producteur), Martin Petit (humoriste, scénariste, acteur), Maxim Martin (humoriste, scénariste, acteur, auteur), François Morency (humoriste, scénariste, acteur, auteur, animateur radio-télé), Guy A. Lepage (humoriste, scénariste, acteur, réalisateur, producteur, animateur), Dany Turcotte (humoriste, fou du roi, animateur), Émile Gaudreault (humoriste, scénariste, réalisateur), Guy Lévesque (humoriste, gérant, producteur), Ken Scott (humoriste, scénariste, réalisateur), Alexandre Barrette (humoriste, animateur), Alex Perron (humoriste, acteur, chroniqueur), Jean-François Baril (humoriste, animateur), Cathy Gauthier (humoriste, actrice), Jean-François Mercier (humoriste, scénariste, acteur, animateur, presque politicien), Katherine Levac (humoriste, chroniqueuse, actrice), Mario Tessier (humoriste, animateur), José Gaudet (humoriste, animateur), Martin Perizzolo (humoriste, scénariste, acteur, animateur), Mike Ward (humoriste, scénariste, acteur, animateur de *podcasts*), Michel Barrette (humoriste, acteur, animateur), Claude Meunier (humoriste, scénariste, idéateur), Nicolas Boucher (humoriste, scénariste, idéateur, producteur, metteur en scène), Kim Lévesque-Lizotte (humoriste, auteure, chroniqueuse).

Nous pourrions continuer longtemps, mais nous croyons que notre plaidoyer est complet sur ce sujet.

Jusqu'où... peut-on aller?

Il y aura toujours des gens que certains sujets offensent, mais on ne peut pas faire de l'humour en gardant constamment à l'idée les exceptions, surtout si on verse dans l'humour noir ou *hard*.

Comme les scandales de famille, l'humour caustique ne pose pas de problème tant que ça reste entre nous. Même si « entre nous » veut dire une salle de 400 personnes. Sauf que maintenant, avec la magie du cellulaire, plus rien n'est vraiment « entre nous ». Ça ne prend que quelques secondes pour filmer un segment et le télécharger sur YouTube, et parfois encore moins de temps pour que ça devienne viral ; et comme tout ce qui se retrouve sur internet, plus moyen de le retirer par la suite. C'est là que ça part en vrille, que ça devient hors de contrôle.

Du drame + du temps... mais combien de temps ?

Le 11 septembre 2001, la ville de New York était la cible d'une attaque terroriste. À peine trois semaines plus tard, lors d'un bien-cuit dédié à Hugh Hefner, le président de *Playboy*, l'humoriste Gilbert Gottfried a fait une blague sur l'événement. L'histoire ne dit pas ce qu'elle racontait exactement, mais ceux qui connaissent l'humour absurde de Gottfried peuvent facilement l'imaginer (en passant, si vous ne savez pas de qui on parle, encore une fois ça vaut la peine d'effectuer une petite recherche). Bref, un des membres du public a crié « *Too soon !* ». Gottfried s'est repris, s'est mis à improviser sur un sujet totalement différent, et l'atmosphère s'est détendue.

Pourtant, c'était une soirée privée au Friars Club de New York, un endroit bien connu et fréquenté par des comédiens, où les blagues les plus scabreuses ne choquent plus personne depuis longtemps. Mais pas celle-là ; ça ne passait simplement pas. Même que depuis cet incident, l'expression « *Too soon !* » est restée et est maintenant utilisée lorsqu'un humoriste se risque prématurément à faire une blague sur un événement tragique.

De son côté, le journal satirique *The Onion* avait retiré son numéro prévu pour publication le 11 septembre, et avait laissé passer deux semaines avant de proposer les faux reportages qui font sa marque, avec des titres comme : « Les terroristes surpris de se retrouver en enfer : "On s'attendait à être au paradis éternel" dit l'un des kamikazes »[6], « Attaque massive sur le Pentagone, les détails en page 14 », « Pour la première fois, le reste des États-Unis ressent temporairement de la compassion pour New York ».

Très peu de plaintes ont été reçues, même que la majorité des commentaires ont été positifs.

Au fil des mois, les humoristes se sont mis peu à peu à incorporer des blagues sur l'attentat dans leurs numéros, avec un succès mitigé. Au début de 2002, la comédienne Joan Rivers, en visite à Londres, a déclaré que les épouses des pompiers décédés seraient peinées de retrouver leurs maris vivants, parce qu'elles auraient à rembourser les prestations d'assurance – l'Association internationale des pompiers a porté plainte, et Rivers a dû s'excuser.

---

6. http://www.theonion.com/article/hijackers-surprised-to-find-selves-in-hell-1445

Plusieurs émissions d'animation, dont *Family Guy*, n'ont apparemment pas perdu de spectateurs à la suite de l'incorporation de références aux attentats dans certains de leurs épisodes. Par contre, pour augmenter ses chances de remporter un Oscar, le film *Les infidèles* (2012), mettant en vedette Jean Dujardin, a coupé une scène montrant un des personnages en train d'embrasser une femme dans un appartement de New York, alors que par la fenêtre on pouvait voir un avion percuter les tours jumelles.

Dans tous ces cas, une décision a été prise de faire des blagues à partir de l'impensable. Mais pourquoi est-ce qu'on a reproché à Gottfried son manque de jugement, si tôt après l'attaque, alors que *The Onion*, paru presque en même temps, s'en est très bien tiré? Pourquoi est-ce que *Family Guy* peut se permettre d'incorporer des références à ces épisodes sans qu'on lui en tienne rigueur, alors qu'on coupe une scène de film pour éviter de froisser des âmes sensibles ?

Il n'y a pas de réponse claire, car, comme tout ce qui touche à l'humour, tout est question de goût, de point de vue et de contexte. C'est une décision qui est difficile à prendre, et qui est personnelle à chaque humoriste.

À titre d'exemple, une situation similaire s'est présentée au Québec en 2015, après les attentats de *Charlie Hebdo* à Paris. Par la suite, Lise Dion a pris la décision de retirer un numéro dans lequel elle montait sur scène habillée avec une burqa. D'autres humoristes auraient gardé le numéro, ou l'auraient modifié. Question de cas par cas, comme pour tant d'autres situations. Quoi qu'il en soit, on ne peut pas porter de jugement ou critiquer ces décisions, car tant qu'on n'est pas confronté à ce choix, le bon vieux « Moi, à sa place j'aurais fait X... » est trop facile à dire.

Dire tout haut ce que tout le monde pense tout bas ?

Si on revient à la blague de Joan Rivers, ça se pourrait que ça fasse « ding ! » dans la tête de certaines personnes : on a déjà entendu parler de gens qu'on pensait morts et qui sont retrouvés en vie au bout de quelques années, et la question « Est-ce que la famille a été obligée de remettre l'argent des assurances ? » a été posée (si vous n'avez jamais entendu parler de ce genre d'histoire, c'est que vous ne lisez pas le bon journal à potins pendant que vous attendez en file au supermarché). Donc, pas de problème pour le gag en soi. Là où ça accroche, c'est qu'on n'évoque pas le retour d'un inconnu qui habite dans le fin fond du Minnesota, mais de pompiers qui ont sont morts en héros pendant un événement qui a eu des répercussions sur l'ensemble de la planète. Au final, tout se joue sur le plan de la sensibilité.

Pas de vaches sacrées en humour ?

C'est évident que même en « retardant » les blagues sur les situations tragiques, il y a toujours un risque de blesser quelqu'un qui a été touché, que ce soit directement ou de loin. À moins que l'événement en question ne soit l'éruption du Vésuve en l'an 79, ou le naufrage du *Titanic*. Et encore…

Souvent, même une brève mention peut déclencher une tempête. On n'a qu'à penser à la blague de Mike Ward au sujet de Revenu Québec : « Revenu Québec, c'est des malades mentaux. Tu leur dois 8 $, et ils vont kidnapper tes enfants. C'est eux autres qui ont kidnappé la petite Cédrika. » Dans ce cas, la blague tournait autour de la bureaucratie, et le nom de la fillette ne servait que de référence commune. La famille avait reconnu que la blague était de mauvais goût et irrespectueuse, mais pas méchante. Quand même, ça a été suffisant pour que plusieurs personnes s'en offusquent (des gens qui ne font même pas partie de la famille, en passant), et le producteur Gilbert Rozon avait offert des excuses.

« On peut se permettre d'aller très loin si on évite les mines. À l'époque, la religion était une mine. Aujourd'hui, on peut

toucher à tout, mais tout est dans la façon de faire. Pour moi, c'est une gaffe de rire des personnes, des victimes. Rire de ses idées, oui, mais pas de la personne.»

– MARC BRUNET

Règle générale, on évite aussi de faire des blagues sur des personnes vulnérables, comme les handicapés ou les malades, ceux de qui nos grands-mères disaient «c'est pas d'leur faute si y sont de même». Mais que se passe-t-il pour ceux qui font partie de la sphère publique? Citons comme exemple la bouche de Jean Chrétien ou la craque entre les dents de Madonna. Non, c'est pas gentil de s'en moquer. Par contre, certains sont d'avis que du moment où on décide de faire une carrière basée sur notre image ou de notre mode d'expression, ou qui sous-entend qu'on accepte de ne plus avoir de vie privée, tout devient permis.

Qu'on soit vedette, politicien, contestataire étudiant ou même le pape, dès qu'on accepte de s'exposer, on court le risque de faire rire de soi; on n'a pas vraiment le choix que de vivre avec. C'est la rançon de la gloire, et personne n'est à l'abri. Ce qui ne veut pas dire que, comme humoriste, on a carte blanche et que tout nous sera pardonné.

Vachement drôle vs drôlement vache

C'est évident qu'on a le droit de dire qu'on trouve que Shakira chante mal (non, sans blague: à ses débuts, les maisons de production ne voulaient pas d'elle comme chanteuse parce qu'on trouvait qu'elle avait une voix de chèvre), mais c'est autre chose d'inclure ce genre de commentaire dans un numéro. Bien sûr, les chances sont minces que Shakira poursuive un jeune humoriste québécois parce qu'il a osé dire sur scène qu'il ne l'aimait pas, mais vous voyez où on veut en venir: si on «intrapole» pour ramener ça à la scène locale, c'est là que ça se complique. C'est petit, le Québec (et le reste du Canada français aussi, on s'entend).

On trouve souvent que certaines personnalités semblent courir après le trouble. Entre autres, les politiciens dont les déclarations farfelues font le bonheur des scripteurs des revues de fin d'année. Même chose avec certaines vedettes de la télé ou du cinéma qui cumulent bévue par-dessus bévue. Mais ces gens ont aussi des familles, à qui on risque de faire du tort si on frappe trop fort sur notre cible, si tentant que ce soit.

> ***« J'ai entendu dire que quand tu fais une* joke *sur quelqu'un, ça blesse sa mère encore plus. »***
>
> – MIKE WARD

Un autre piège à éviter est celui de l'acharnement : tel que décrits à la page 45 (chapitre « De kessé ? »), le *call back* et le *running gag* ont leur raison d'être et peuvent être très efficaces, mais ils doivent être utilisés judicieusement. Une première blague sur le tour de taille imposant d'un ministre de la santé, ça peut en faire rire plusieurs, mais la seconde passera beaucoup moins bien, et la troisième risque d'être taxée de harcèlement. Si vous tenez à les intégrer à vos numéros, il vaut peut-être mieux vous en servir dans un contexte différent, par exemple en mettant en scène une belle-mère ou un voisin fictifs.

Liberté d'expression et droits de la personne

Aux yeux de la loi, pour qu'il y ait une faute imputable méritant réparation, il faut prouver le tort subi et l'intention de causer ce tort. Ça, c'est pour résumer sommairement ; en fait, c'est plus compliqué.

Parce que si on a le droit de dire ce que l'on pense, la personne que l'on cible a aussi parfaitement le droit de rouspéter. Tel qu'on l'a expliqué plus haut, ne perdez jamais de vue que l'objet de vos moqueries a une famille et des amis, sur qui il peut y avoir des répercussions. Ou alors des fans qui s'investiront de la mission de vous faire la vie dure pour avoir osé vous moquer de leur vedette favorite. À l'heure des réseaux sociaux, il ne sera même plus nécessaire d'intenter une action en cour pour vous nuire.

La controverse vend bien. À preuve, le *Bye Bye* de 2008 a fait parler de lui bien au-delà du 1er janvier, en raison de certaines blagues sur la chanteuse Nathalie Simard et l'animateur Denis Lévesque, au point où le couple Cloutier-Morissette a dû convoquer une conférence de presse pour s'excuser, près de 10 jours plus tard. De son côté, l'émission *Piment fort* dénoncée par Daniel Pinard en 2000 pour ses blagues homophobes récurrentes avait fini par être retirée des ondes. En 2016, Guy Nantel et Mike Ward ont dû, à la demande des assureurs de Radio-Canada, retrancher un sketch prévu pour le Gala des Olivier.

Dans tous ces cas, les décisions de retrait ont été prises à cause de l'opinion publique véhiculée par les médias et non en raison de plaintes provenant des victimes. Au final, la couverture médiatique a fait plus de bruit à propos de la censure et des excuses que pour les blagues qui en étaient à l'origine.

On peut rire de tout, mais pas avec n'importe qui

Si Annie s'achète un billet pour le one woman show de Valérie Blais, tandis que Jean-Sébastien planifie une soirée de gars qui commence avec un spectacle de Sèxe Illégal, on comprend que, dans un cas comme dans l'autre, ils savent à quoi s'attendre comme contenu. On peut dire, sans même les connaître, que l'un n'irait probablement pas voir le spectacle de l'autre – à moins d'avoir perdu une gageure.

Tout comme en matière de religion, de politique et d'activités sexuelles, chacun a droit à ses préférences. On espère même que notre humoriste favori restera fidèle à ce qui a fait sa marque et nous donnera encore plus de ce dont on est friand, que ce soit les imitations de Véronic DiCaire ou les coups au téléphone de Réal Béland en Monsieur Latreille.

Quand on parle d'humour *soft*, la controverse est rarement au rendez-vous. Au pire, on reproche à l'artiste d'être ennuyant. Là où ça se corse, c'est lorsqu'il est question d'humour *hard* ou *trash*.

> ***« L'humour sain ? C'est comme une orgie à jeun. Qui en voudrait ? L'humour est une façon de composer avec nos démons de façon positive. »***
>
> – MARK BRESLIN, fondateur et propriétaire des Yuk Yuk's

Le problème, c'est que si vous établissez votre base de fans grâce à votre style irrévérencieux, votre public s'attendra toujours à plus. Plus juteux, plus poussé, plus choquant. Donc, il faut savoir lui en donner, répondre à ces attentes. Cependant, quand vous vous retrouvez en grande salle dans un *line-up* de gala « généraliste » avec un public élargi, vous devrez adapter votre numéro en conséquence.

Le premier et le second degré, les risques du hors contexte

Au début des années 1970, les Cyniques avaient un numéro qui mentionnait un jeune prodige juif du nom de Ibrahim *He's a Hell of a Son of a Bitch*. Parions que quiconque essaierait de placer une telle blague aujourd'hui se mériterait une plainte du Congrès juif canadien ou encore de la Commission des droits de la personne. En fait, les Cyniques tapaient à bras raccourcis sur plein de cibles auxquelles les humoristes contemporains n'osent plus toucher. Pas parce qu'ils ont moins d'audace ou d'imagination : parce que notre société est devenue frileuse et que ça coûte trop cher de poursuite.

Bien entendu, le groupe se produisait devant un public composé à 99,9 % de Québécois « pure laine », et il n'y avait presque jamais de captations audio, encore moins vidéo. Et surtout pas d'Internet pour les partager. De telles blagues pouvaient être répétées par les spectateurs par la suite, mais jamais à la vitesse ni avec l'ampleur que l'on connaît aujourd'hui. Ce n'est que récemment que la diffusion élargie s'est effectuée – trop tard pour porter plainte.

Surtout, le montage et le repiquage font en sorte qu'à peine une toute petite partie de votre numéro – bien entendu la blague la plus corsée – sera partagée. Souvent, cette blague « désincarnée » perdant tout son sens, il ne reste que la portion insultante ou osée qu'il est difficile de faire oublier, même si on tente de la replacer dans son contexte entier.

On pense entre autres au numéro de Maxim Martin où il exhibe une partie de son anatomie. OK, il se sort une couille. Voilà, c'est dit. Ce petit geste anodin (hum ! hum !) était un bref segment d'un numéro de 14 minutes dans lequel Martin dénonçait la censure, le sensationnalisme, le contenu douteux et une foule d'éléments paradoxaux de notre société. Bref, du matériel engagé. Mais dont on n'a retenu qu'une chose : Maxim Martin s'est sorti une couille sur scène. C'est ça, le hors contexte. Comme il le disait lui-même : « Dans 10 ans, personne ne se souviendra de ce que j'ai dit dans mon numéro, mais tout le monde se souviendra que j'ai sorti ma couille. » Ça fait maintenant 17 ans ; on parierait que la majorité des gens qui trouvent qu'il est allé trop loin n'ont jamais vu le numéro en entier.

Autocensure (ou comment se garder une tite gêne)

Depuis le début de ce livre, on vous recommande de coucher sur papier toutes les blagues qui vous passent par la tête, sans retenue. La raison est simple : une idée menant à une autre, vous pouvez vous permettre lors de vos premières rédactions des écarts qui pourraient générer des flashs différents et, à la façon d'une toile d'araignée, vous entraîner complètement ailleurs.

Ce qui ne veut pas dire que vos idées premières, si elles dépassent certaines bornes, doivent absolument être utilisées.

Encore une fois, on revient à Mike Ward… parce qu'il fait figure de référence dans ce genre d'humour et que plusieurs caressent le projet de l'émuler. Sauf que vous n'êtes PAS Mike. Faire pareil ? Faire mieux ? Faire pire ? Un jour, peut-être. Rien ne vous empêche de donner dans l'humour *trash*, vous aussi. C'est votre droit, mais n'oubliez pas que ce genre de registre vient avec des responsabilités qu'il vous faudra assumer. Même si vous vous sentez d'attaque pour atteindre un jour ce degré de croustillance, vous devrez établir vos propres limites très tôt dans votre carrière.

Comme on l'a déjà dit, certains choisissent l'humour pour vaincre leur timidité, d'autres par désir d'exprimer ce qu'ils ressentent en eux, ou encore par envie de simplement faire rire. Quelle que soit votre motivation, vous aurez souvent le réflexe d'en dire plus, d'en rajouter une couche, de pousser toujours un petit peu plus loin pour voir où ça peut vous mener, ou vous assurer que votre message passe, ou pour susciter juste un rire de plus… Mais jusqu'où pouvez-vous aller ?

Il faut deux ans pour apprendre à parler, mais toute une vie pour apprendre à se taire.

– PROVERBE CHINOIS.

Il n'y a pas de lignes directrices à cet effet. Par contre, si quoi que ce soit dans votre blague vous rend inconfortable, si vos tripes se serrent ou que vos orteils se crispent dans vos chaussures, si au moment de prononcer les mots vous les regrettez déjà, c'est peut-être un signe que vous avez dépassé les bornes – sans nécessairement choquer votre public, qui rira quand même. Mais vous, au fond de votre être, vous saurez que vous avez dépassé VOS bornes.

« Ben non, c't'une joke... »

Un humoriste, ça fait des blagues. Qu'elles soient bonnes ou mauvaises, *crunchys* ou kétaines. C'est une question de goût. Le problème, c'est que certains vont pousser tellement loin que le côté comique va rapidement s'éclipser – la ligne est mince entre l'humour et la vulgarité. Oui, les gens riront, par admiration pour votre audace, parce qu'ils seront un peu sous le choc, ou parce que vous leur aurez servi une chose à laquelle ils ne s'attendaient pas.

Mais pas parce que c'est drôle.

La cohérence entre le propos et le *persona*

Tel qu'on l'indiquait dans le chapitre « Qui es-tu ? », notre *persona* devient notre marque de commerce, une entité complexe à laquelle on doit rester fidèle. Pour le meilleur et pour le pire. Notre *persona* ne peut pas subitement se mettre à sacrer s'il ne l'a jamais fait auparavant, ou alors il doit avoir une bonne raison. Le contraire est aussi valide : l'enragé de François Bellefeuille ne pourrait changer drastiquement son style sans y perdre des plumes. Même chose pour un Sugar Sammy qui cesserait de rire de toutes les ethnies. C'est pourquoi il faut vite établir jusqu'où on VEUT aller, parce qu'il viendra un moment où il sera trop tard pour faire marche arrière.

Donc, jusqu'où êtes-vous prêt à aller ? Posez-vous la question assez tôt, c'est le meilleur conseil qu'on puisse vous donner.

Combien ?

Gagner richement sa vie vs « à peine de quoi se payer un ti sac de chips »

Combien ça paye, au juste, l'humour ? C'est la question que tous se posent. C'est aussi la source de beaucoup de mythes et de stéréotypes.

En regardant le titre de cette section, naturellement, vous aimeriez que ce soit la première option. Parce que, tsé, on le sait que les vedettes sont millionnaires. Même les demi-vedettes s'en tirent très honorablement, non ?

Vous vous en doutiez probablement déjà, mais c'est notre devoir de vous jeter un seau d'eau glacée au visage ici : en début de carrière, rares sont ceux qui peuvent vivre de leurs cachets d'humoriste. (À moins que « en vivre » = squatter le sofa de votre meilleur ami et ne bouffer rien d'autre que du Kraft Dinner et du beurre de pinottes – mais pas dans le même bol, c'est dégueulasse.)

> ***« Un humoriste est rarement bien rémunéré. C'est sans doute parce qu'il est impayable. »***
>
> – VINCENT ROCA

Même une fois que les contrats commenceront à déferler (ou à rentrer au compte-gouttes), il faudra un certain temps avant que vos cachets ne soient équivalents au montant indiqué sur votre bail. Pire encore, il ne faudra pas avoir peur de travailler gratis pendant un bon moment. Voilà, c'est dit.

Pour cette raison, on vous recommande de ne pas lâcher la job qui paie votre loyer, même si elle vous ennuie à mourir, et même si vous êtes un fan fini de Kraft Dinner. Par contre, malgré que ce soit peu – ou pas – lucratif, il n'existe pas de meilleur moyen pour acquérir de l'expérience de scène que les nombreuses soirées d'humour pour débutants et les opportunités *open mic.*

Étant donné que le marché et les prix changent constamment, on a pensé vous donner une idée très générale de la rémunération. C'est valide juste au moment d'écrire ces lignes, par contre. Ça demeure à titre indicatif, prenez pas ça pour du *cash*.

La rémunération

Les soirées d'humour

Les soirées d'humour sont animées par un maître de cérémonie (MC). Elles sont composées en général de trois ou quatre débutants qui font un numéro de cinq à sept minutes chacun.

Puis, un ou deux humoristes de la relève font chacun leur 15 minutes. Finalement, l'humoriste connu, la tête d'affiche (*Head liner*) fait 30-45 minutes.

MONTRÉAL

Sur l'île de Montréal, les prix sont généralement assez bas, car il y a beaucoup de soirées d'humour, et les organisateurs de ces soirées ont très peu de moyens.

5-7 minutes :	0 $ à 25 $
15 minutes :	50 $ à 100 $
30-45 minutes :	125 $ à 300 $
Animateur :	100 $ à 250 $

Au Bordel Comédie Club, les humoristes font tous une prestation de 15 minutes. Vedette ou pas, ils reçoivent un cachet de 100 $. Par contre, il se peut qu'un humoriste se produise neuf fois pendant la semaine. Il fait donc un salaire de 900 $ – pas besoin d'être fort en maths pour faire de l'humour, mais quand c'est le temps de calculer ses cachets, ça devient autrement utile.

EN RÉGION

Comme les soirées d'humour sont plus rares dès qu'on s'éloigne des grands centres, elles deviennent plus lucratives, car elles rassemblent davantage de public.

5-7 minutes :	0 $ à 75 $
15 minutes :	100 $ à 125 $
30-45 minutes :	250 $ à 500 $
Animateur :	250 $ à 400 $

Les soirées corporatives

Si vous êtes un humoriste de la relève, que vous êtes connu dans les soirées d'humour et dans le milieu, mais que vous n'avez pas encore un spectacle solo à votre nom, les soirées corporatives pourraient vous aider à payer le loyer. Ou à vous acheter du Kraft Dinner Deluxe 4 Fromages. Par contre, vous devez avoir entre 45 et 60 minutes de bon matériel et il faut dire que ce sont généralement les agents ou *bookers* qui vous trouveront ces contrats lucratifs.

Sauf que ces soirées demandent plus d'effort de votre part, car elles se déroulent souvent après un événement tel un tournoi de golf, pour un party de Noël ou pour une autre soirée où les gens sont enivrés. Souvent, les invités jasent entre eux et n'ont rien à cirer d'écouter un comique. Vous devrez vous montrer tenace, mais la paye peut être intéressante. Pour plus de détails, relisez le chapitre « Où ? », page 97.

Les organisateurs offrent un cachet élevé parce qu'ils achètent la notoriété d'un artiste. C'est leur façon de gâter leurs employés et leurs clients. Et comme le milieu de l'humour en est un d'ego, les enchères peuvent monter rapidement.

Par exemple, on peut prévoir 15 $-20 $ par minute pour une performance de 45 à 60 minutes, pouvant aller jusqu'à 2 000 $ pour un humoriste qui n'a pas encore produit son one man show.

Pour une vedette, cela peut être encore plus lucratif. Sans nommer personne, la rumeur court qu'un humoriste connu a déjà empoché 16 000 $ pour une prestation de 30 minutes, pour le compte d'une compagnie de bière. Une autre vedette aurait gonflé son tarif pour un contrat qui ne l'intéressait pas vraiment… mais pour 30 000 $, cet humoriste très connu a finalement accepté de se déplacer. Lucratif, vous dites ?

Pour décider si vous acceptez un contrat, nous vous recommandons de suivre « la méthode des 3 P. » Non, on ne parle pas de « pain, pâtes, patates », mais plutôt de « Plaisir, Prestige et Paye ». Et même pas besoin d'avoir les trois. Deux sur trois, c'est déjà beau, on trouve.

Plaisir	Du gros fun, mais pas payant
Prestige	C'est bon pour la carrière, pas nécessairement payant
Paye	C'est plate ou difficile, mais payant

Les festivals d'humour

Il y a de plus en plus de festivals d'humour au Québec, surtout en période estivale. Le doyen, le festival Juste pour rire (JPR), fête ses 35 ans en 2017, alors que ComediHa ! a presque 20 ans. JPR a vogué seul pendant 15 ans avant que se pointe le festival le Grand Rire bleu à Québec (rebaptisé ComediHa ! en 2015). Au début, la concurrence était féroce, mais la situation a changé depuis. JPR favorisait les têtes d'affiche du Québec (Daniel Lemire, Michel Courtemanche, Louis-Philippe Gagnon) et de France (Raymond Devos, Pierre Palmade, Franck Dubosc, Anne Roumanoff), alors que le Grand Rire présentait surtout des humoristes de la relève (tels que Louis-José Houde, à une époque !). Les humoristes qui participaient au Grand Rire ne pouvaient pas se produire à JPR, et vice versa.

Bref, c'était la guerre, en quelque sorte. Mais puisque les humoristes de la relève sont devenus des vedettes à leur tour et que les «gros noms» de l'époque sont moins présents, le tableau est tout autre, et les humoristes peuvent participer aux deux festivals.

Plusieurs villes de la province ont désormais leurs propres festivals d'humour, dont Drummondville, Gatineau, Val-d'Or et un petit nouveau à Alma. Ils s'appuient sur des noms connus et donnent une belle vitrine aux nouveaux venus.

> ***«Ma règle de trois pour un gala : trois mois de travail pour trois heures de show et dont on ne reparlera plus après trois jours.»***
>
> – FRANÇOIS MORENCY

Les humoristes de la relève sont de plus en plus nombreux et se distinguent en créant non seulement des soirées, mais également des festivals. Certains de ces festivals sont plus exclusifs et parfois même un peu plus *trash*, comme le Dr Mobilo Aquafest et le MiniFest. De son côté, le ZooFest est devenu incontournable, autant pour les comiques qui souhaitent roder leur spectacle que comme carte de visite pour les nouveaux venus.

Pour vous donner un avant-goût de ce à quoi vos prochains étés pourraient ressembler, sait-on jamais, voici l'horaire :

Dr Mobilo Aquafest	mars
ComediHa !	juin
Minifest	juin-juillet
Juste pour rire	juillet
ZooFest	juillet
Festival d'humour de Gatineau	juillet
Festival d'humour de l'Abitibi-Témiscamingue	juillet
Festival de la blague de Drummondville	août
Festival d'humour d'Alma	août – septembre

CACHETS POUR LES FESTIVALS

En général, une prestation de 7 minutes est payée entre 1 200 $-1 500 $ (surtout à cause des droits de télévision)

Animateurs : entre 5 000 $ et 15 000 $ selon la notoriété

Mise en scène : peut aller jusqu'à 10 000 $ pour les plus importants

Pour le ZooFest, la formule est différente, car, un peu comme le festival Fringe, c'est l'artiste qui débourse 350 $ en frais d'inscription pour sa participation. En retour, le festival lui accorde une scène pour trois représentations, soit trois soirées pendant le festival (ou plus, selon le potentiel du spectacle), et partage les recettes moitié-moitié avec l'artiste.

Les premières parties de spectacle d'un humoriste

Les premières parties sont du cas par cas. On peut s'attendre à un montant entre 0 $ et 400 $, selon certains critères :

1. L'humoriste vedette du *show* remet une portion de sa rémunération pour payer la première partie (surtout si le nouveau venu et la vedette sont amis) ;
2. En vertu du contrat standard de l'Union des artistes, les tarifs de 176,82 $ pour la prestation et 332 $ de *per diem* pour ses dépenses s'appliquent ;
3. Pas payé du tout, le débutant accepte de se produire pour la visibilité que ça lui apporte ;
4. L'agence qui représente le nouveau venu prend en charge le cachet de la première partie pour contribuer à le faire connaître.

Les chroniques

Une chronique à la radio	150 $ – 300 $
Une chronique à la télé	200 $ – 500 $

Soulignons qu'il y a une différence énorme entre une petite radio et une radio d'État.

Les entrevues télé (à titre d'exemples, liste non exhaustive)

Émission de variétés quotidienne (chaîne privée)
Entre 200 $ et 300 $
Émission phare hebdomadaire (Radio-Canada)
Entre 500 $ et 1000 $

La différence est considérable, mais s'explique en fonction de la diffusion, du temps durant lequel l'invité doit demeurer en studio, du budget de la chaîne, des cotes d'écoute, etc.

Écrire pour le spectacle d'un humoriste

Si on prend l'image d'une tarte, la portion du budget d'un spectacle dédiée à l'écriture est une pointe de 10 à 15 %. Comme scripteur, vous serez compensé selon votre contribution dans l'écriture de ces numéros.

Si ce spectacle prend la forme d'une tournée qui dure deux ou trois ans – pour des vedettes comme Lise Dion, Martin Matte ou Jean-Michel Anctil – la rémunération devient alors lucrative, contrairement à une tournée d'une trentaine de spectacles (ça va sans dire, mais on le souligne quand même !)

Considérant l'augmentation du nombre de spectacles en humour et la diversité, les tournées seront cependant moins longues. La tendance voudrait même que les humoristes choisissent plutôt un théâtre où ils seront en résidence, au lieu d'une grande tournée.

> ***« Je suis trop vieux pour dormir tous les soirs dans des motels bruns au tapis « shag » miteux. À 20 ans, faire le tour de la province et être sur scène tous les soirs, c'est cool. À 40 ans, c'est différent. »***
>
> – PATRICK HUARD

L'animation radio

Une bonne porte d'entrée pouvant s'avérer lucrative est l'animation radio, surtout en dehors des grands centres. Donc, soyez prêt à vous lever tôt et à vous déplacer. En contrepartie, vous serez rémunéré avec un salaire annuel de l'ordre de 20 000 $ pour un débutant à 300 000 $ et plus pour une vedette. C'est un pensez-y bien.

Les agents/gérants

Du moment que vous connaîtrez un certain succès, vous devrez retenir les services d'un agent et/ou d'un gérant. Qu'il vous faudra payer. Eh oui, juste au moment où vous commenciez enfin à faire des sous… Remarquez par contre que ces gens travailleront pour vous, et voyez leur rémunération comme un investissement.

> ***« Ça c'est du marketing. M.a.r…k.e.ke…t.i…ting… ting »***
>
> – PHIL (ALEXIS MARTIN), *LES BOYS III*

Un agent retient de 15 % à 20 % des cachets de l'humoriste.
Un gérant retient de 25 % à 35 % des cachets de l'humoriste.

Si le gérant est également le producteur du spectacle, alors cette retenue peut être de 50 % à 60 %. Un producteur finance la tournée d'un humoriste (c'est-à-dire qu'il prend en charge les coûts de la location de la salle, les chambres d'hôtel, les cachets, les salaires des techniciens, etc.).

Et les autres

Bien entendu, on n'a fait ici qu'un bref survol de ce que le monde de l'humour peut offrir pour vous aider à boucler les fins de mois (ou vous permettre une mise de fonds sur une villa à Tahiti). Il y a tellement d'autres possibilités de gagner sa vie avec l'humour (capsules radio, séries télé, commerciaux, etc.) et tant de variables à considérer qu'il n'en tient qu'à vous de vous informer davantage sur les multiples options, en fonction de votre plan de carrière. Et de l'effort que vous avez l'intention d'y consacrer.

Conclusion

♫ Mon cher [toi], c'est à ton tour... ♫

Comme le dit si bien Gene Perret: « Il y a seulement trois méthodes pour apprendre à écrire: écrire, écrire, écrire. »

En avant-propos, on vous avait annoncé que ce livre visait à vous fournir des outils. On vous les a présentés à l'intérieur de chaque chapitre en répondant à une question simple. On pense avoir fait une bonne job. Ce qui est encore plus simple – croyez-le ou non –, c'est de mettre tout ceci en pratique.

Remarquez qu'on ne sait pas tout, nous non plus, et que si tous les chemins mènent à Rome, tous les détours peuvent aboutir à l'humour. Effectivement, de notre côté, l'élaboration de notre coffre à outils nous a permis de constater qu'il n'existe pas de recette unique pour écrire l'humour, mais plusieurs ingrédients qu'on peut agencer de mille et une manières, et que ça goûte toujours aussi bon. De la même façon, on a aussi réalisé que le milieu de l'humour québécois est riche, foisonnant et éclectique. Cependant, il y encore amplement de place pour *varier* et *ajouter* de l'humour – on n'a jamais *trop* d'humour, peu importe ce qu'en disent les sceptiques.

Dernier relent de montée de lait, promis

Quoi qu'il en soit, que vous ayez tout dévoré d'une couverture à l'autre, ou que vous ayez feuilleté seulement les parties qui s'appliquaient à votre situation ou à des étapes plus ciblées de votre cheminement, vous en savez maintenant probablement beaucoup plus sur l'écriture humoristique qu'avant d'entreprendre votre lecture. À tout le moins, vous avez désormais les bases : vous avez appris ce qu'est l'humour, comment on l'écrit, par où on commence, où sont les multiples débouchés, etc. Vous vous êtes sûrement aussi questionné sur les raisons qui vous poussent à l'essayer, à quel public vous aimeriez vous adresser, de quelle façon vous voudriez le divertir, et on pourrait gager que plusieurs idées de blagues ont germé dans votre tête.

Par-dessus tout, vous savez maintenant que c'est *possible.* Il suffit d'un premier pas, puis d'un autre, et encore un autre, et tout va s'enchaîner. D'autres l'ont fait avant vous, il n'y a pas de raison pour que vous ne puissiez pas au moins essayer. De toute façon, il n'y a pas de mal à mettre de l'humour dans votre vie.

Entreprenez dès maintenant, si c'est pas déjà en cours, votre projet d'humour ! Prenez des notes, écrivez tous les jours, soyez discipliné. Donnez-vous des défis, manifestez-vous auprès d'humoristes que vous aimez si vous voulez écrire avec eux, jouez le plus souvent possible pour tester votre matériel. Rappelez-vous combien c'est précieux d'écouter le monde autour de vous et de l'observer. C'est de là que viendront vos idées de numéros, les mimiques, les façons de parler.

Entourez-vous de gens qui vous stimulent. Vous apprendrez par la pratique autant qu'au contact des autres. C'est aussi en connectant avec les autres que vous apprendrez à rejoindre votre public.

Peu importe par où vous commencerez, ce que vous ferez exactement ou dans quel ordre. Mais, au moins, *faites-le !* D'une étape à l'autre, vous gagnerez en confiance, vous deviendrez bon, on vous remarquera et vous rirez jusqu'à la banque !

Au minimum, on espère que ce livre vous aura incité à écrire, à réécrire et peut-être à tester un numéro auprès du public. Même si c'est rien qu'une seule fois. Si vous faites rire votre entourage, si vous donnez le goût de l'humour, nous aurons le sentiment du devoir accompli.

Rappelez-vous : c'est en faisant ce que vous voulez faire que vous deviendrez ce que vous voulez être.

« Mamaaaaaaan !!! C'est finiiiiiiiiii !!! »

– VICTOR

EN EXTRA
Petit guide pour écrire un numéro

Étant donné qu'on en connait beaucoup, mais qu'on ne sait pas tout, on est allées consulter un pro, question de colliger encore plus de précieux conseils, des fois qu'on aurait oublié quelque chose. Voici donc une judicieuse liste d'items à considérer en prévision d'une performance sur scène. Le tout, inspiré de Mario Bélanger (« Mario Rock ») dont vous ferez la connaissance un peu plus loin. Et qui enseigne exactement ça, la présentation de numéro à l'ÉNH avec Christiane.

Avant

1. **Voir des spectacles d'humour.** C'est bon d'observer des humoristes professionnels sur scène, que ce soit en personne ou sur Internet – YouTube, Netflix et plusieurs chaînes telles que Canal D regorgent de numéros (en reprise jusqu'à la fin des temps…). Vous apprendrez énormément en écoutant les *podcasts* intitulés *Sous écoute* de Mike Ward et en fréquentant des soirées d'humour de la relève. Vous pouvez aussi vous inscrire à un cours récréatif (le soir) à l'École nationale de l'humour.
2. **Avoir un sujet en tête.** Pensez à ce que vous voudriez dire, à ce qui vous énerve, vous enrage, ou trouvez votre

inspiration en observant le monde autour de vous ou en cherchant des informations sur Internet.

3. **Écrire tout ce qui vient, sans se juger.** Rappelez-vous de toujours prendre en note vos idées, car si ça vous excite, vous aurez le goût d'en parler et de les développer. Par la suite, organisez votre texte avec des prémisses et des punchs.
4. **Se « booker » pour une performance dans une soirée d'humour.** Oui, se « booker » une date pour un spectacle, pour ne pas céder à la tentation de reporter au lendemain. Il faut se mettre un fusil sur la tempe. Vous aurez bien sûr vos moments « Kessé que j'ai pensé ? », « Ça a pas d'bon sens ! », « Pourquoi je fais ça, moi ? ». Mais faites-le pareil.
5. **Trouver des personnes avec qui collaborer.** C'est toujours bon d'avoir un compagnon de travail, quelqu'un avec qui on peut créer et sur qui on peut faire rebondir ses idées. Idéalement, on choisit des gens du milieu (collègues de classe de l'ÉNH ou rencontrés lors d'une soirée d'humour).
6. **Se voir pour échanger, « brainstormer », écrire, trouver des gags.** Avoir un compagnon de travail, c'est aussi important que d'avoir un ami avec qui aller au gym. Ce genre de collègue est notre premier public, avec qui on peut non seulement tester nos gags, mais également en trouver d'autres. C'est primordial de fixer des rencontres « béton » à notre agenda, de décider d'un moment et d'éviter de remettre à plus tard ou d'annuler.
7. **Écrire de 8 à 12 gags pour un numéro de stand-up ou 500 mots pour un monologue.** Petit train va loin. Une blague à la fois, vous en accumulez suffisamment pour un numéro de 5 minutes. Ensuite, essayez de créer des liens entre les blagues. Éliminez les mots superflus. N'oubliez pas la triade « concision, clarté, surprise ».
8. **Placer les meilleures blagues au début et à la fin du numéro.** Idéalement, allez chercher un premier rire le plus

rapidement possible au début de votre numéro. Cela vous mettra en confiance et vous aidera à poursuivre.

9. **Apprendre le numéro par cœur.** C'est après l'étape du par cœur que le plaisir de jouer commence. Pour vous aider à mémoriser, faites un *set list* (c.-à-d. inscrivez un mot pour chaque blague sur un carton ou votre cellulaire). En cas de trou de mémoire, vous n'aurez qu'à le ressortir et bingo! Tâchez de ne pas répéter devant un miroir, ce qui tend à figer votre expression. Mais pratiquez chez vous avec un crayon, une brosse à cheveux ou une chandelle, bref n'importe quel objet qui vous habituera à tenir un micro avant le *show*.
10. **Essayer les gags avec différentes attitudes et mimiques.** Mettez diverses émotions sur des bouts de papier (fâché, déçu, timide, anxieux) et dites vos gags avec ce que vous pigerez pour en rendre certains encore plus drôles.
11. **Jouer le plus souvent possible.** C'est sur les planches que le jeu et le rapport avec le public s'apprennent. *Practice makes perfect*, comme disent les Chinois.

Une fois sur place, à la salle ou au bar

1. **Posez-vous les questions:** Où vais-je jouer? Combien de monde y aura-t-il? Quel genre de monde? Quel genre de scène? Loge? Comment vais-je entrer sur scène? Au travers des gens ou en coulisse?
2. **Mangez avant un *show*!** Respirez, aussi. Henri Salvador disait: «Le secret de ma longévité, c'est la respiration!» Devriez-vous prendre beaucoup de café, ou autre chose, avant de monter sur scène? On vous le recommande pas, mais c'est libre à chacun, selon la façon dont vous réagissez aux excitants.
3. **Soyez confortable.** Habillez-vous comme vous le sentez. Si vous jouez un personnage, vous devrez avoir un costume

et une attitude qui vont avec. Si c'est un monologue ou un stand-up, idéalement portez des vêtements dans lesquels vous vous trouvez beau et êtes à l'aise. C'est professionnel et ça paraît bien d'être plus chic que le public.

4. **Arrivez tôt pour vous « mettre dedans » avant le *show*.** Si vous ressentez le besoin de vous isoler, c'est compréhensible. Certains aiment réciter leurs blagues à quelqu'un en guise de réchauffement, d'autres caler deux grosses bières et les vomir avant de monter sur scène (on vous le recommande pas non plus).
5. **Gérez votre stress.** Le stress peut devenir un moteur pour le numéro. C'est une énergie qui, lorsque bien contrôlée, peut être très utile. Plus vous aurez pratiqué, moins vous serez nerveux. Du moins, c'est le cas en général. Vous pouvez vous promener lentement dans la salle pour sentir la *vibe*, ainsi que pour avoir le point de vue des personnes qui seront assises aux différents endroits. Allez au balcon, s'il y en a un. Si votre stress est vraiment fort, pensez à la pire affaire qui puisse arriver et dites-vous : Je m'en fous ! (ça va être drôle). Vous avez le droit de vous en faire « accroire » un peu : <u>Je suis *hot*</u> ! Et peut-être le serez-vous…
6. **Test de son avant le *show*.** Demandez à tester le micro avant le *show*. Parlez dans le micro, établissez la bonne distance avec votre bouche. Assurez-vous que tout est sous contrôle, mais soyez prêt à gérer les pépins à ce niveau. Évitez les micros-casques si possible, car souvent, les bars ne sont pas équipés pour les connecter.
7. **Visualisez-vous sur scène.** Comme un athlète avant un gros match, visualisez le possible déroulement de votre numéro. Même si au final ça se passe d'une tout autre façon, au moins vous aurez essayé. Aimer ce qu'on fait… aimer ce qu'on est… c'est la clef. Aimer nos erreurs… (C'est moins facile, mais on apprend.)

Pendant

1. **C'est parti !** L'animateur annonce votre nom... Go ! Pensez juste à votre première phrase, le reste va suivre. Vous aurez le *feeling* du lion qui sort enfin de sa cage ! Entrez sur la scène de façon directe ou en personnage. Votre arrivée et la musique d'intro devraient donner le ton.
2. **Respirez.** Prenez quelques secondes pour être juste « là ». Ne commencez pas dès votre arrivée au micro, car les gens vont d'abord vous examiner et se faire une idée du genre de personne que vous êtes. Votre *casting* parlera pour vous. Les gens vous voient, ils se forment une première impression. Puis, vous démarrez avec votre première blague, puis une autre, et au final votre numéro tout entier.
3. **Le micro.** Si vous êtes nerveux, gardez le micro sur son pied, pour éviter de transmettre vos tremblements et pour libérer vos mains afin de gesticuler, d'utiliser vos bras et d'éviter les déplacements inutiles. Le micro ne doit pas cacher votre visage, par contre. Certains préfèrent le tenir dans leur main pour une attitude plus « stand-up ». Si vous marchez pendant votre numéro, enroulez une partie du fil autour de votre bras ou de votre poignet pour éviter de trébucher.
4. **Enregistrez-vous.** Pendant que vous installez le micro, profitez-en pour placer votre téléphone intelligent à vos pieds, en mode dictaphone. Vous pouvez aussi demander à un ami de vous filmer sur un téléphone ou à l'aide d'une caméra.
5. **Soyez « dedans ».** Évitez d'être sur le pilote automatique et pensez à vos mots comme si vous veniez tout juste d'écrire le numéro ! L'honnêteté est payante ! Si les gens ne rient pas à une blague, tâchez de ne pas vous retirer dans votre tête ni de vous juger. Restez plutôt en contact avec le public en travaillant fort pour les faire rire. *On ne se regarde pas*

jouer – on joue. On ne pense pas à son texte – on le dit, on le vit! L'état de jeu parfait, c'est quand on est tout simplement « là ». On ne se demande pas comment ça marche ou comment ça va*: On est bien. Le temps n'existe plus.* On est bien et le public aussi.

6. **Articulez.** Prenez soin de bien articuler (le micro amplifie tout). C'est essentiel que le public entende chaque mot ; s'il ne comprend pas, il ne rira pas.
7. **Regardez.** C'est par vos yeux que passent vos émotions. Les lunettes fumées et les casquettes sont à éviter, à moins qu'elles ne soient cruciales pour votre personnage ou qu'elles fassent partie de votre marque de commerce, car elles empêchent de voir vos yeux. Vous pouvez promener votre regard partout dans la salle ou seulement sur une ligne d'horizon. Tâchez de balayer l'audience du regard, même si vous ne voyez pas vraiment les spectateurs à cause de l'éclairage. Tous ont payé pour être là et ont droit à une parcelle d'attention. Prenez soin par contre d'être vous-même dans l'éclairage sur la scène, surtout si le *spot* est fixe.
8. **À éviter.**
   a. Ne pas jouer de dos (sauf si c'est voulu, et seulement pour quelques instants).
   b. Si vous aviez l'intention de faire monter des gens sur la scène, prenez soin de bien l'organiser au préalable, ou alors gardez ça très simple, car si vous devez improviser, il y a un risque de dérapage.
   c. Évitez de trop marcher de long en large pendant votre numéro, ou encore de faire une partie de votre numéro par terre. Les salles sont trop différentes les unes des autres, et les chances de ne rien voir du numéro sont élevées.
9. **Mémoire.** Si vous sentez qu'un bout de numéro vous manque, prenez une gorgée d'eau pour vous aider à vous détendre et

à vous le rappeler. Si vous avez un trou de mémoire total, n'essayez pas par tous les moyens de le cacher au public, car si vous cherchez et dites n'importe quoi, ou si vous avez un long silence, il se créera un malaise. Vous n'avez qu'à dire que vous avez un blanc. Puis, sortez votre petit carton, regardez et continuez. Le public en général applaudit ces moments (même que certains humoristes ont dû en inventer des faux, juste pour mettre l'auditoire de leur bord). La sympathie est *winner.*

10. **Le jeu.** Variez les intonations, ou utilisez un ton monocorde si c'est ce que demande votre numéro. Gardez-vous des surprises, sortez des choses de vos poches, révélez votre costume graduellement. Émerveillez les gens, touchez-les, surprenez-les, surtout ! Tâchez d'atteindre l'état de jeu parfait ; simplement être là, dire et faire ce qu'il se doit. Ne tentez pas de vous observer de l'extérieur mentalement. Si ça devait arriver, rappelez-vous de rester calme et en contrôle.
11. **Le public.** Le public veut embarquer ; le public veut de la magie… Mauvais public… ? C'est rare. Généralement, les gens veulent avoir du plaisir ! C'est à vous de les conquérir, en dépit des efforts que ça demande. Le public a le dernier mot. Pas les profs, ni les agents, ni les spécialistes, ni les journalistes ! Si le public rit… c'est OK !
12. **Début et fin.** Soyez sûr d'avoir un début et une finale punchés, en y plaçant vos meilleures blagues. À la toute fin, quand les rires se seront un peu calmés, n'oubliez pas de remercier votre public. Vous pouvez aussi redire votre nom pour que les gens se souviennent de vous.
13. **Assumez-vous.** Il est crucial que vous acceptiez ce que vous êtes (gros-laid-petit-beau), mais également ce que vous dites dans votre numéro. Même si vous faites une erreur et que vous vous plantez, solide : vous pourrez toujours

recommencer ! Personne n'en est mort ; il n'y a que l'orgueil qui est blessé. La prochaine fois, dites-vous que vous serez meilleur (car vous le serez, c'est sûr !) C'est le métier qui rentre.

Après

1. **Adrénaline.** Après un spectacle vous ne pourrez pas aller vous coucher tout de suite, parce que vous serez à la fois fatigué et « boosté ». Il vous faudra quelques heures pour « redescendre » parce que le *rush* d'adrénaline qui surgit quand on joue devant un public prend quelques heures avant de se dissiper.
2. **Constat.** C'est fait ! Ça a bien été ? Oui ! Ou ça a mal été ? Peut-être… Mais vous êtes content ! Chaque occasion de jouer est un cadeau, et les gens se sont quand même déplacés pour venir y assister. Profitez-en pour socialiser avec les collègues humoristes qui participaient au même *show.* Ils pourraient vous donner des tuyaux pour vous « booker » dans une autre soirée.
3. **Relativisez.** De retour à la vie normale, posez-vous la question : voulez-vous faire ce métier pour être connu et aimé ou par pur besoin ? Pour gagner votre vie ou pour avoir du fun en public, tout simplement ? Toutes ces réponses sont bonnes !
4. **Moment de vérité.** C'est le moment de regarder la vidéo du *show* ou d'écouter l'enregistrement. Prenez un recul et écoutez vraiment les réactions du public. Notez les endroits où le public n'a pas ri, où il a ri le plus, si certains spectateurs étaient au bord de l'hystérie (il y en a toujours qui rient à gorge déployée). *Ce n'est pas le moment de vous juger, mais d'apprendre. N'oubliez pas que ce métier doit avoir l'air facile, même si vous savez maintenant que c'est difficile…*

5. **Rétroaction.** C'est votre façon de voir les choses qui déterminera si vous allez continuer. L'insatisfaction personnelle est normale, mais la perfection serait plate *anyway*. Voici plusieurs réactions possibles :
   a. Vous étiez super nerveux, vous parliez vite et vous étiez mal à l'aise. Vous avez oublié des bouts et vous aviez hâte de sortir de scène. *C'est probablement un manque de concentration ou de préparation. Préparez-vous mieux la prochaine fois. Acceptez de vous tromper, sachez écouter les commentaires et ajustez votre texte au besoin.*
   b. Votre numéro contenait peu de gags, mais vous étiez tellement confiant et tellement « dedans » que votre numéro a marché au boutte. La joie d'être sur scène était contagieuse, l'interprétation était convaincante et vous avez gagné le public. *Gardez cette bonne attitude, mais ajoutez des gags.*
   c. Votre numéro s'est bien passé, mais vous êtes déçu. Vous restez avec l'impression que vous vous êtes calé tout le long du numéro et vous vous sentez poche. *Soit vous êtes maso ou déprimé, soit vous avez besoin d'être rassuré. C'est un métier qui demande de la confiance en soi ; travaillez cet aspect.*
   d. Vous êtes arrivé avec le sourire et avez fait votre numéro sans rien oublier. Les gens ont ri et même applaudi. Vous vous sentez super. C'est le bonheur. *Savourez.... Profitez de ce moment de grâce pour écrire un autre numéro et vous mettre en danger avec du nouveau stock. Sortez encore une fois de votre zone de confort.*
6. **Un blanc.** Pourquoi un blanc ? Le stress a pris le dessus ? Le sabotage ? Pas assez pratiqué ou répété ? Vous vous êtes laissé déranger par une personne qui a parlé ou par un drôle de rire dans la salle ? Le public a ri à un moment inattendu ? *Toutes ces raisons sont bonnes. Vous êtes peut-être*

fragile. La prochaine fois, préparez-vous une petite feuille avec votre set list. *Si un blanc survient, regardez votre petite feuille et continuez; tout est ok.*

7. **Le succès.** Si un comique réussit, il est facile de dire: *Ouin, on sait ben, gna gna gna...* Regardez ceux qui ont du succès en vous disant: *Oui, c'est possible, et tant mieux. Ça m'inspire! Ça me donne le goût de foncer à ma façon.* La jalousie ou la bitcherie n'amènent pas grand-chose. Ou, au contraire: *Je suis passé en premier et le public n'était pas réchauffé.* Si votre numéro ne s'est pas aussi bien déroulé que vous l'auriez voulu, n'accusez pas le public.
8. **Les influences.** Nous sommes des éponges et nous absorbons ce qui nous entoure. Les influences humoristiques doivent nous amener non pas à la copie, mais à la création. Il est bon à notre avis d'être curieux, artistiquement parlant. Allez voir des pièces de théâtre, des expos de peinture, des *shows* pour enfants, visitez des endroits inusités, fréquentez des gens variés, voyagez si possible. Vivez des aventures, finalement. Enrichissez votre vie pour avoir d'autres choses à raconter que ce que l'on entend couramment.
9. **La constance.** Un numéro doit idéalement être testé quatre ou cinq fois (minimum) pour qu'on puisse porter un jugement sur sa valeur. Si les quatre fois se sont bien passées... l'affaire est dans le sac!
10. **La confiance.** Développez votre confiance en vous de multiples façons. Écrivez, répétez et jouez le plus souvent possible. Avec le temps, l'aisance sur scène et la complicité avec le public seront au rendez-vous.
11. **Le plaisir.** Surtout, n'oubliez pas d'avoir du fun! Le rire deviendra contagieux pour *votre* et *notre* plus grand plaisir à tous.

Les p'tites entrevues

Comme on vous le répète depuis le début, y a rien comme passer de la théorie à la pratique pour voir vos ambitions humoristiques prendre vie.

C'est pourquoi on a pensé vous offrir une brochette de trois entrevues réalisées avec des humoristes à différents stades de leurs carrières. Ici encore, vous constaterez qu'il n'existe pas de recette unique pour réussir en humour, en plus de comprendre de façon concrète pourquoi « Écrire l'humour, c'est pas des farces… »

Et ce, directement la bouche de ceux qui sont passés – ou qui sont en train de passer – par là avant vous.

Merci à nos trois cobayes qui ont bien gentiment accepté de répondre à quelques-unes des questions abordées dans le livre, en nous révélant comment elles s'appliquent à leur situation.

LE NOUVEAU VENU
William Bernaquez

***«Déjà, au primaire, on me disait que c'était moi qui volais le* show.»**

– WILLIAM BERNAQUEZ

Qui ?

Un peu comme Obélix qui est tombé dans la marmite de potion magique quand il était petit, William Bernaquez a découvert l'humour dès son plus jeune âge. En fait, il est d'abord tombé dans l'impro à l'école primaire, pour ensuite la combiner à l'option théâtre au secondaire. «J'avoue que ça m'aidait beaucoup pour les exposés oraux…»

Son choix de cégep a aussi été fixé en fonction de son équipe d'impro. «On n'était pas très bons au début, mais on a été l'équipe qui s'est le plus améliorée cette année-là!» Puis, après avoir suivi les cours récréatifs Écriture humoristique et Présentation de numéros de l'ÉNH, il décide de faire le grand saut et est admis au programme régulier de Création humoristique, cohorte 2017-2019.

Quoi ?

Bien entendu, William continue à faire de l'impro, question de développer sa technique de jeu, de trouver des idées de numéros et d'apprendre comment « rattraper les gags qui tombent à plat », à travers les circuits habituels des ligues semi-professionnelles et des bars. « Je suis une bébitte de scène, je suis pas attiré par la télé ou les commerciaux. »

À la suite de sa performance au Lobby Bar qui clôturait le cours Présentation de numéros – « C'est comme une cabine d'essayage, on voit ce qui nous fait bien » –, William n'a pas attendu pour se lancer. Ce soir-là, dès son premier gag sur scène, le déclic s'est fait et il voit encore le tout défiler dans sa tête en *slow motion*.

Depuis, il multiplie les prestations dans les soirées d'humour et les *open mic* – bien des mois avant de commencer officiellement les cours du programme à temps plein de l'ÉNH. Comme quoi, si c'est jamais trop tard pour tâter le terrain en humour, c'est jamais trop tôt non plus.

Pour couronner le tout, il travaille aussi en équipe à développer des capsules sur le Web, en plus d'explorer diverses possibilités pour l'écriture avec des compagnons rencontrés dans le cadre de ses activités d'humour.

Comment ?

C'est ici que William nous livre son secret le plus pénible (insérer musique funeste) : il n'a pas été accepté à l'ÉNH à sa première tentative. Un événement qui lui a fait l'effet d'une douche froide, mais il avoue lui-même qu'il s'était mal préparé.

D'abord, il a été très critique envers lui-même, puis il s'est retroussé les manches. « J'ai vu ça comme une occasion d'explorer mon style. J'étais comme une masse d'humour qu'il fallait que je mette en forme. »

Au lieu de se laisser déprimer, il a plutôt décidé de se donner à fond, de travailler plus fort. « Je me suis fixé comme but de me « booker » au moins trois ou quatre soirées ou *open mic* tous les mois, cet automne-là. Puis, dès le premier janvier, comme une résolution du Nouvel An, je me suis mis au défi de faire tous les jours au moins trois choses pour aider ma carrière – écrire, lire des livres sur l'humour, regarder des vidéos d'humour pour les analyser ou encore parler avec des humoristes. »

Sa technique est simple, mais efficace. « Je construis mes numéros à partir des interrogations qui "poppent" dans ma tête, comme "pourquoi, rendu à mon âge, je suis toujours poche pour faire des rénos ?" » Son *persona* est à l'image de l'enfant qu'il a été : un petit chétif qui se pose de grandes questions. Et ces questions vont dans tous les sens : elles concernent aussi bien Harry Potter que les Transformers, par exemple.

Il teste ensuite son matériel de façon systématique : « J'étire mon texte pour laisser quelques secondes entre les phrases, pour laisser aux gens le temps de réagir, et j'observe ce qui marche moins bien, s'il y a des trous ou des failles. »

Pourquoi ?

William propose trois théories pouvant expliquer son désir de se lancer en humour :

- il sait qu'il n'est pas fait pour le 9 à 5 ;
- il aime faire rire et jouer au niaiseux ;
- il a été très malade étant petit.

Cet épisode qui a changé sa vie est à la base de ce qu'il fait désormais. « Quand on est malade, on réussit à faire des blagues malgré tout. Une fois qu'on s'en sort, on veut surtout redonner. Plusieurs choisissent de devenir médecins ; moi, j'ai décidé que j'allais plutôt "redonner le moral". »

Le soutien qu'il reçoit de sa famille est colossal. « Jamais personne m'a suggéré de me trouver une "vraie" job ou un plan B... » Et c'est aussi pourquoi il offre les conseils suivants à tous ceux qui rêvent de se lancer : « Consacre toute ton énergie à ça. Manges-en ;

fais-en une fixation. Surtout, analyse chaque blague pour comprendre pourquoi ça fait rire. T'es pas obligé d'être drôle tout le temps, mais fais-le pareil. »

Jusqu'où ?

Puisque son désir de faire rire est né de circonstances malheureuses, William considère que c'est important de pouvoir rire de soi-même et ne se fixe pas de limites, du moins pour le moment.

« Oui, on peut rire du cancer. On rit de la maladie, pas de l'enfant. Mais encore là, il va y avoir plein de vierges offensées qui vont se porter à la défense de gens qui demandent même pas à être défendus. Parce que quand t'as eu le cancer dans ton enfance, t'apprends vite à ne plus t'offenser de rien. »

Selon William :

« Écrire l'humour, c'est pas des farces parce que…

… il faut que le monde rie. Pis faire rire le monde, c'est de l'ouvrage. Il faut le faire pour le plaisir, mais c'est aussi un travail sérieux. Un cuisinier, ça ne mange pas en cuisinant. C'est la même chose pour l'humour ; on l'écrit pour les autres. »

LA COMÉDIENNE
Sinem Kara

«Pour écrire l'humour, faut être un peu malade mental. Mais si je le fais pas, je vais mourir demain.»

– SINEM KARA

Qui ?

Sinem Kara est issue du milieu du théâtre et a été victime d'un solide coup de foudre pour l'humour au moment d'explorer le volet comédie dans le cadre de son programme au Collège Lionel-Groulx. « Dès l'âge de 10 ans, j'avais un intérêt pour l'humour. Puis, au cégep, j'ai commencé à écrire un peu, des monologues, des personnages. J'entendais les rires, et ça validait ce que j'avais écrit. J'ai eu la piqûre. »

Comme elle ne tenait plus en place, elle a vite enchaîné deux cours du soir à l'ÉNH : Écriture humoristique et Présentation de numéros. « Même avant de savoir ce qu'étaient les procédés, je les utilisais déjà. Je sentais d'instinct la mécanique de l'humour. » À la fin du cours de Présentation, elle a fait partie du spectacle offert par les finissants au Lobby Bar. « La première idée qui m'est venue, c'est "kessé que je fais ici ?" J'avais vraiment le syndrome de l'imposteur. »

Mais c'était trop tard pour reculer, et l'humoriste en elle a éclos.

Quoi ?

Née au Québec de parents turcs, Sinem a développé un *persona* qui se veut une version d'elle-même en exagéré, et offre ce qu'elle qualifierait « d'humour ethnique, mais sans règlements de comptes », mettant en lumière les différences entre le mode de vie traditionnel et strict dans lequel elle a été élevée et le reste de la société québécoise. « On parle de comparer Noël et le ramadan, mettons, et d'autres anecdotes de mon quotidien. J'ai un *persona* sympathique, mais avec pas mal de vulgarité qui pointe au hasard, de temps en temps. C'est inattendu et c'est ça qui fait que c'est drôle. »

Où ?

En raison de sa formation au cégep, Sinem a fait un peu de théâtre de rue en été, et a décroché quelques petits rôles au cinéma et dans des messages publicitaires. Puis, en bifurquant vers l'humour, elle a enchaîné les soirées *open mic*, et des contrats dans le cadre de ZooFest et ComédiHa !

Bref, son moi humoristique est en pleine floraison. « Ce que j'aimerais vraiment, c'est un premier rôle comique dans un film turc. » On lance ça dans l'univers, des fois qu'il serait à l'écoute.

Comment ?

Preuve qu'on peut tirer du matériel de tout, Sinem puise beaucoup dans ce qu'elle voit et entend en travaillant au restaurant de ses parents, un casse-croûte typiquement québécois dans Lanaudière. « Le resto appartient à mes parents, mais c'est mon frère qui est gérant, et moi, je donne un coup de main. Les clients nous racontent toutes sortes d'histoires, sans filtre. » Et c'est ce paradoxe entre les deux cultures – si québécoise en public, si traditionnelle à la maison – dont Sinem se sert pour écrire ses numéros.

« J'ai pas vraiment envie de faire des personnages tout de suite, mais si un jour je le fais, j'ai une idée de serveuse rockeuse basée sur mon expérience en restauration. »

Pour ce faire, Sinem se conditionne à travailler au moins une heure par jour, mais jamais plus de trois ou quatre heures. « J'attends devant l'ordi jusqu'à ce que ça sorte. Souvent, ça part d'une petite idée – un cinq minutes en *open mic* – que je développe pour en faire un numéro plus long. »

Pourquoi ?

« Si j'écris pas, je me sens coupable. » Spontanée et un brin TDAH sur les bords, Sinem soutient qu'elle fait de l'humour par instinct. « Le stress me fait écrire ; je travaille mieux sous pression. »

En fait, Sinem est d'avis que tout le monde devrait le faire, au moins une fois. « C'est sûr que ce qu'on fait, c'est pas normal. Monter sur scène, c'est pas normal. Mais ça aide à se mettre soi-même en perspective, tu te vois tel que tu es. »

Jusqu'où ?

Sinem est souvent considérée comme une version féminine de Mike Ward, à cause de son humour caustique. Mais elle sait quand même se garder une petite gêne. « Je porte le poids de mes origines. Quand mes parents sont venus à mon *show*, j'ai retiré la partie qui parlait de la virginité avant le mariage. »

Elle censure aussi ses préjugés. « Il faut préserver notre jardin secret, ne pas trop se révéler. C'est beau la liberté d'expression, mais quand ça va trop loin, que ça devient trop *hard*, ça ouvre une porte qu'on peut plus refermer. Ça cesse d'être drôle. »

Selon Sinem :

« Écrire l'humour, c'est pas des farces parce que…

… c'est beaucoup d'insomnie, pour finalement pas réussir à payer ton loyer (du moins pour le moment). »

LE VÉTÉRAN
Mario Bélanger

« J'ai déjà écrit des chansons de Pâques. Sérieux, pourquoi il y a plein de chansons de Noël, mais jamais de chansons de Pâques ? »

– MARIO BÉLANGER

Qui ?

Mario Bélanger est du genre qu'on pourrait appeler « routier de l'humour ». Il roule sa bosse dans le milieu depuis plus de 25 ans. Dans la lignée des Charlie Chaplin, Jerry Lewis et Pierre Richard, Mario affectionne un style d'humour très physique et visuel (OK, on va le dire, il aime faire le clown.)

En plus d'avoir performé sur scène et à la télé (*Caméra café*, *VRAK la vie*, *Les pêcheurs*), Mario est également formateur en humour en tant qu'enseignant à l'ÉNH (Présentation de numéros, Exploration humoristique) et offre du *coaching* personnalisé ou au sein de programmes tels que Jeunes pour rire. Ceci en plus des personnages qu'il a créés, entre autres Mario Rock, Guy Concordia et l'animateur jeunesse JiPi.

Quoi ?

Mario a touché à presque toutes les formes d'humour. De ses débuts au théâtre à l'animation de soirées corporatives en passant par l'enseignement, il est surtout reconnu aujourd'hui pour son personnage de Martin, le concierge de *Caméra café*, et pour les publicités *Le gros bon sens* de Nissan.

Mais au-delà de ses prestations sur scène (animation, stand-up, comédie physique), Mario rêve de tenir un rôle au cinéma et, si jamais vous avez un tuyau pour lui, il aimerait se voir offrir un premier rôle comico-dramatique. Pour lui, le secret tient dans la ténacité et le désir de tirer du plaisir de ce qu'on fait: « Si tu te fais chi** à faire des *jokes*, tu ferais mieux de tout lâcher, parce que ça va rebondir sur ton public. »

Ah oui, on doit aussi mentionner qu'à travers tout ça, Mario a été chauffeur de navette à l'oratoire Saint-Joseph. C'était pas pour rire, mais on trouve ça drôle quand même.

Où ?

S'il fallait énumérer tous les endroits où Mario s'est produit, ça prendrait tout un chapitre. Ses prestations sur scène sont nombreuses, passant du stand-up (les lundis Juste pour rire et les Soirées Godzilla) aux événements corporatifs (entre autres pour une association d'entreprises de portes et fenêtres – on vous laisse l'imaginer) et même à des performances sur un bateau de croisière.

Un de ses plus grands faits d'armes a été de sortir son personnage Guy Concordia en pleine rue Sainte-Catherine pour faire des toasts qu'il offrait aux passants. Si vous êtes curieux du résultat, la vidéo est disponible sur YouTube. La consécration (hum hum…) est venue le jour où son personnage Mario Rock a joué avec le guitariste Steve Hill et chanté avec lui. Oui, pour de vrai. Ça arrive, ce genre de choses, parfois.

Encore tout récemment, il animait les soirées Humour sur Queen, pour lesquelles il a produit des clips diffusés sur le Web. Quant aux webséries et à la promotion en ligne, Mario considère que c'est un outil qui peut se révéler une arme à deux tranchants: « C'est bon pour la visibilité, mais on est toujours meilleur en enregistrement que *live* et ça crée des attentes. Devant public, on doit déclencher un rire là, tout de suite, et on n'a pas de place pour la reprise. »

Comment ?

Selon Mario, il n'y a qu'une seule façon de réussir en humour: « Il faut travailler comme un fou. Écrire dix *jokes* par jour, tous les jours, même si elles sont plates. On commence par créer une *track* de base – ensuite, ça va vite. » Les concepts lui viennent aussi sans qu'il les cherche. Entre autres, l'idée de son personnage Guy Concordia qui bougonne constamment a surgi pendant qu'il pelletait son entrée.

Au cœur du cours Exploration humoristique qu'il offre à l'ÉNH, il y a le principe de base qui fait de Mario l'humoriste qu'il est: élargir le spectre, en testant le mime, le chant et divers aspects visuels qui peuvent être intégrés à l'humour.

Pourquoi ?

Plusieurs raisons ont poussé – et continuent de pousser – Mario sur son chemin. Pour commencer, il vous avouera que c'était surtout pour « faire de l'argent ou au moins avoir de la bière gratuite ». Son personnage de Mario Rock, qui rêve de « devenir une vedette ou au moins d'en côtoyer », n'est pas entièrement fictif.

Mais toujours en y trouvant du plaisir: «Quand le fou du roi commence à se prendre au sérieux, ça fait peur.»

De nos jours, c'est le désir de constater l'accomplissement et l'incarnation de ce qui n'existait que dans sa tête qui le motive. « À partir d'une idée, voir que ça mène à une performance concrète, c'est une récompense extrêmement gratifiante.»

Jusqu'où?

En raison de sa vaste expérience, Mario a constaté qu'il y a certains sujets auxquels on ne peut pas toucher: «René Lévesque, c'est *touchy.* On peut pas rire de René Lévesque. En gros, on pourrait dire que le cul passe mieux que la politique.»

Il admet aussi qu'«on peut rire de n'importe quoi, mais pas avec n'importe qui. C'est sûr que c'est excitant, comme humoriste, de faire dans le *trash*, surtout dans un bar à quatre heures du matin, mais les gens ont tendance à devenir de plus en plus *trash* de plus en plus tôt dans leur carrière. Et ce n'est pas toujours pour le mieux. Il vient un moment où c'est tellement *trash* que c'est même plus drôle.»

Selon Mario:

«Écrire l'humour, c'est pas des farces parce que…

… ça demande du travail et du sérieux. Beaucoup de gens veulent le gâteau tout de suite; pas la soupe ni le repas. Mais il faut commencer par le commencement.»

Liste des ressources en humour

(Non, c'est pas la liste de toutes, toutes, toutes les ressources, mais c'est quand même un bon début. Pis on peut pas vous garantir que l'information va rester valide jusqu'à la fin de vos jours, non plus.)

Les livres

Si vous ne lisez que quatre livres sur l'humour – à part le nôtre, bien entendu –, ce devrait être ceux-ci :

CARTER, Judy, *The Comedy Bible : From Stand-up to Sitcom–The Comedy Writer's Ultimate "How To" Guide*, essai, Touchstone, 2001.

CARTER, Judy, *Stand-up Comedy : The Book*, essai, Dell, 1989.

HELITZER, Mel et Mark SHATZ, *Comedy Writing Secrets*, essai, Writer's Digest Books, 2005.

PERRET, Gene, *How to Write and Sell Your Sense of Humor*, essai, Writers Digest Books, 1989.

Les écoles et autres formations

École nationale de l'humour (ÉNH)

FORMATION PROFESSIONNELLE

Programmes de Création humoristique (douze candidats chaque année – deux années à temps plein) et Écriture humoristique (huit candidats chaque année – trois sessions sur un an)
enh.qc.ca/programmes-cours/formation-professionnelle

COURS À LA CARTE

En plus de ses programmes à temps plein, l'ÉNH offre des cours récréatifs (cours du soir) d'une durée de 6 ou 12 semaines, à raison de 3 heures par semaine :

- L'ABC de l'écriture humoristique I et II
- Animation humoristique
- Comédie physique
- Comment écrire mon premier roman
- Création de chansons humoristiques
- Écriture télé et sitcom I et II
- Exploration humoristique
- Personnages, sketches et improvisation
- Présentation de numéros I et II
- Jeunesse : Initiation à l'humour

enh.qc.ca/programmes-cours/cours-recreatifs

Cours au collégial

Dans le cadre de leurs programmes en théâtre, la plupart des cégeps offrent des volets axés sur la comédie, la création, le jeu sur scène, la préparation aux auditions, etc. Référez-vous au site général pour plus de détails sur les cégeps et les programmes qui vous intéressent.
cegepsquebec.ca

Cours de scénarisation

ÉCOLE DE CINÉMA ET TÉLÉVISION DE QUÉBEC (ECTQ)

Formation intensive pratique de 5 mois (350 heures sur 20 semaines)
ectq.com/programme/scenarisation

UNIVERSITÉ DE MONTRÉAL (OUVERT AU PUBLIC)

Initiation aux outils de scénarisation et au processus d'écriture, 18 heures (3 rencontres)
sac.umontreal.ca/cinema/formation-cours/scenarisation

INSTITUT NATIONAL DE L'IMAGE ET DU SON (INIS) – MONTRÉAL

Cours à la carte en scénarisation (Scénarisation d'une websérie, Éléments clés d'un scénario de long métrage, Série télé – La rédaction d'une bible) d'une durée variant de quelques heures à quelques jours.
inis.qc.ca/programmes/cours-a-la-carte/scenarisation-et-realisation

ÉCOLE NATIONALE DE L'HUMOUR (ÉNH)

Scénarisation d'une comédie télévisée – 90 heures de formation en classe échelonnées sur 4 mois, en plus de 150 heures de mentorat sur 8 semaines
enh.qc.ca/programmes/scenarisation

LES ATELIERS DANIELLE FICHAUD

Offre des formations comprenant la conception de personnages, la comédie, l'improvisation et un *Spécial humoristes*
lesateliersdaniellefichaud.com

HUMBER COLLEGE, TORONTO

Équivalent torontois de l'ÉNH. Offre des cours incluant l'écriture de sketchs et de stand-up, les techniques de jeu, la voix et la diction, etc. Programme de quatre semestres.
creativearts.humber.ca/programs/comedy/comedy-writing-and-performance

SECOND CITY TRAINING CENTER PROGRAMS

Ateliers d'écriture et de jeu, et enseignement des méthodes particulières aux différents styles d'humour sur scène. Offre aussi des cours en ligne sur l'écriture de sketches, l'élaboration de personnages, les séries télé, etc.
secondcity.com/courses/Toronto/general-information/

MANHATTAN COMEDY SCHOOL

Programme intensif de six cours en six semaines, avec montage d'un numéro hebdomadaire.
manhattancomedyschool.com

Les ligues d'impro

En plus des multiples ligues interscolaires de niveaux secondaire, collégial et universitaire, plusieurs autres ligues sont actives, principalement dans les grands centres :

Montréal

Ligue d'improvisation montréalaise
citromlim.com

Les cravates au Medley Simple Malt
medleysimplemalt.com

La Ligue amicale légitime d'improvisateurs en gestation (LALIG)
improlalig

Les Lundis impro du Théâtre Sainte-Catherine
theatresaintecatherine.com/fr/les-lundis

La Rocambolesque
rocambolesque.ca/

La ligue d'impro Semi-Lustrée
semi-lustree.com

Québec

Ligue d'improvisation de Québec (LIQ)
improliq.com

Le Club d'impro
clubdimpro

Le Punch Club
lepunchclub.com

Gatineau

L'Acronyme
lacronyme.com

Sherbrooke

L'Abordage
abordagesherbrooke.com

Et plusieurs autres. Une recherche sur Google vous aidera à en trouver une dans votre secteur.

Soirées d'humour dans les clubs

Montréal

Le Bordel Comédie Club
lebordel.ca

Drôle de plan de match
Bar Le Plan de match
Le Plan de Match

L'Hémisphère gauche
hemispheregauche.com

HoMa fait rire
Billard Le Patriote
VendredisHoma

Jeudi de l'humour au Brouhaha Rosemont
Mardi de l'humour au Brouhaha Ahuntsic
Broue Pub Brouhaha (2 emplacements)
brouepubbrouhaha.com

Les p'tits mardis de l'humour
Lobby Bar
lobbybar.ca/ptits-mardis-de-lhumour-3

L'humour aux Trois devins
Aux Trois devins
LHumourAuxTroisDevins

Les lundis de l'humour
Bar le Jockey
LesLundisDeLhumour

Les mardis à Nanas et Humour (soirée bilingue)
Bar Don B Comber
donbcomber

Les lundis du rire
Baron Samedi
baronsamedibar

Les mercredis 100 % Humour
L'Abreuvoir
abreuvoir.ca/mercredis-100-humour

Mercredi rires garantis
Au Saint-Houblon
lesmercredisriresgarantis

On peut consulter la page Facebook « Humour et improvisation à Montréal » pour des mises à jour plus fréquentes (parce que ça change vite dans ce milieu !)

Laval

Lundi on fait l'humour
Cabaret Apollon
onfaitlhumour

Rive-Sud

Mardi du rire
Bungalow Bar Salon
lesmardisdurire

Humour du moulin
Brasseurs du moulin
humourdumoulin

Le Lagablague (aux trois semaines)
Lagabière, Saint-Jean-sur-Richelieu
lagablague

Québec

Drôles de mercredis (aux deux semaines)
Rideau Rouge
rideaurouge.ca

Lundi de l'humour à l'Anti (mensuelle)
L'Anti Bar et spectacles
Antibarspectacles

Autres régions

Lundi Du Délire
Bar le Magog
barlemagog

Mercredis de l'humour
Mardi Gras, Gatineau
mardigrasgatineau

L'humour au Bar Chez Maurice
Bar Chez Maurice, Saint-Lazare
ChezMaurice1897

Les festivals

Festival Juste pour rire
hahaha.com

ComediHa !
comediha.com

Festival d'humour de l'Abitibi-Témiscamingue
festivaldhumour.com

Le Tremplin de Dégelis
festivalletremplin.com

Agences d'artistes en humour

Concertium
Agent : Jean-François Renaud
concertium.ca

Encore
Agent : Patrick Leduc
riezencore.com

Groupe Entourage (spectacle, télévision et musique)
Agents : Eric Young et Christian Giguère
groupe-entourage.com

Evenko
Productrice : Valérie Hamel
evenko.ca

Groupe Phaneuf
Agent : Benjamin Phaneuf
phaneuf.ca

Pierre Gravel International
Agent : Pierre Gravel
pierregravel.com

Gérance d'artistes

6e Sens Management
Gérant : Daniel Senneville
sixiemesens.ca

Agence Atman inc.
Gérante : Danielle Bernard
agenceatman.com

Authentic Productions
Gérant : Stéphane Fortin
authenticproductions.com

Bang Management
Gérant : Michel Grenier
bangmanagement.com

Dominique Gestion artistique inc.
gestionartistique.com

Agence Entourage Gérance
Bibi Benoit
groupe-entourage.com

Evenko
Gérante : Valérie Hamel
evenko.ca

GABA Productions
Gérante : Annie Parizeau
gabaproduction.com

Groupe Phaneuf (gérance et tournée)
Gérants : Benjamin Phaneuf et Marilou Hainault
phaneuf.ca

GULP Guy Lévesque Productions
Gérant : Guy Lévesque
gulp.ca

Les Productions Jacques K. Primeau
Gérant : Jacques K. Primeau
productionsjacqueskprimeau.com

QuébeComm
Gérante : Josée Charland
quebecomm.com

Les Productions Tram
Gérant : Martin Deshaies
tram.ca

Juste pour rire Management
Gérants : François Simard et Gisèle Barry
hahaha.com

ENCORE Management
Gérants : François Rozon et Jean-Philippe Turgeon
riezencore.com

MLM Martin Langlois Management
Gérant : Martin Langlois
martinlanglois.com

Productions Elise Caron
Gérante : Elise Caron
info@elisecaron.ca

Les Productions Feedback
Gérant : Junior Girardeau
productionsfeedback.com

Agence SPM
Gérante : Sophi Carrier
agencespm.com

Zéro musique
Gérants : Marie Barcelo et Pierre Dumont
zeromusic.com

Autres ressources utiles

Association des professionnels de l'industrie de l'humour (APIH)
Direction : Joanne Pouliot
apih.ca

Les *podcasts* de Mike Ward (le plus connu), discutant des différents aspects de l'écriture humoristique :
mikeward.ca/sousecoute

REMERCIEMENTS

Parce que, même si on a travaillé fort, on a quand même eu de l'aide pour plein de petits bouts. Voici donc, sans aucun ordre particulier, une liste non exhaustive de tous ceux qui nous ont épaulées, de près ou de loin, de toutes sortes de façons :

- Anne-Marie Villeneuve pour son idée géniale ;
- Lise Dion pour sa préface si bien « sentie » ;
- Mario Bélanger pour sa précieuse collaboration ;
- William Bernaquez et Sinem Kara, en leur souhaitant un succès bœuf dans leurs carrières respectives ;
- Michel Grenier pour ses judicieux conseils ;
- Sœur Louise Lemieux du monastère des Recluses Missionnaires de Rivière-des-Prairies, pour son accueil aussi chaleureux que souriant ;
- le cuisinier du même monastère, dont on n'a jamais su le nom, pour son délicieux Jell-O vert.
  Sans blague !

De plus, on s'en voudrait de ne pas mentionner Louise Richer, directrice de l'ÉNH, qui fait rayonner l'humour au Québec depuis presque 30 ans, ainsi que les humoristes établis et de la relève qui nous ont inspirées avec leurs citations. Sans eux, ce livre n'aurait pas sa raison d'être. Sérieux, là.

SYLVIE OUELLETTE

L'éditrice : « Sylvie ! J'ai su que tu avais suivi un cours du soir sur l'écriture humoristique à l'École de l'humour... penses-tu que tu serais capable de nous écrire tout un livre là-dessus ? »

Sylvie (qui devait filer pas mal suicidaire à ce moment-là) : « Mais bien sûr ! Tu veux ça pour quand ? »

Si vous êtes un habitué de la scène humoristique québécoise, vous vous demandez sans doute « mais qui est donc cette Sylvie ? » Non, je n'ai jamais fait le St-Denis. Ni le ZooFest. Encore moins Juste pour rire. Pas le moindre petit *comedy club*. Jamais fait de scène. Du tout, du tout. Jamais écrit pour aucun humoriste. De la télé, alors ? De la radio, peut-être ? Même pas. En fait, je suis en quelque sorte une « nobody » de l'humour.

Mais je sais écrire, par contre. Et je sais reconnaître ce qui est drôle. Sans être une initiée du milieu, je suis aussi passée maître dans l'art de dire des niaiseries.

Par-dessus tout, je n'ai pas peur des défis. Alors, lorsqu'on m'a proposé d'écrire un guide à l'usage des humoristes en herbe (et même de ceux qui sont montés en foin, pourquoi pas ?), je n'ai pas hésité... j'ai contacté Christiane. Parce qu'elle, elle connaît ça, l'humour. Même si elle n'avait jamais écrit de livre avant celui-ci.

À deux, on a pondu l'ouvrage que vous tenez entre vos mains. Ça a été une tâche aussi colossale qu'inspirante. J'en connaissais peu, mais j'en ai appris beaucoup. J'espère que ce sera la même chose pour vous.

Sylvie.Ouellette.Auteure
@SylvieO_auteure

Photographie de l'auteure : Maxyme G. Delisle

CHRISTIANE VIEN

Ma passion pour l'humour est passée par les livres. J'en ai une tonne, tous en anglais. J'ai eu envie d'en écrire un en français, mais on ne réalise pas tous nos souhaits... sauf qu'un jour Sylvie, une étudiante d'un cours récréatif en écriture, m'a demandé d'en écrire un avec elle. Maintenant, le livre est devenu une réalité, puisque vous le tenez entre vos mains. « Faites attention à ce que vous souhaitez, car vous pourriez l'obtenir ! », comme on dit.

En rédigeant *Écrire l'humour, c'est pas des farces !*, j'avais le goût de partager mes connaissances avec tous les amoureux de l'humour. Puisse ce livre vous avoir inspiré, soutenu votre intérêt pour le merveilleux monde de l'humour et incité certains d'entre vous à devenir humoristes ou/et auteurs, car notre monde a bien besoin de rire.

Christiane Vien
@laChristianeV
Christiane Vien

Photographie de l'auteure : Valérian Mazataud

ACHEVÉ D'IMPRIMER EN SEPTEMBRE 2017
SUR DU PAPIER 100 % RECYCLÉ
SUR LES PRESSES DE MARQUIS IMPRIMEUR,
QUÉBEC (CANADA).